Vert

THÈSE

POUR LE DOCTORAT EN DROIT

A LA MÉMOIRE DE MON PÈRE

A MA MÈRE

UNIVERSITÉ DE NANCY

FACULTÉ DE DROIT

THÉORIE

DES

CIRCONSTANCES ATTÉNUANTES

THÈSE

POUR LE DOCTORAT EN DROIT

PRÉSENTÉE PAR

Victor HUMBERT

Avocat a la Cour d'Appel

L'Acte public sera soutenu le **Mercredi 23 Mai 1900**, à 4 heures du soir

Président : M. GAUCKLER, Professeur.
Suffragants . M. GARDEIL, Professeur.
M. GAVET, Professeur.

NANCY

IMPRIMERIE ADMINISTRATIVE L. KREIS, RUE SAINT GEORGES, 51

1900

FACULTÉ DE DROIT DE NANCY

Doyen : M. LEDERLIN, ✳, I ◯.
Doyen honoraire : M. JALABERT, ✳, I ◯.
Professeur honoraire : M. LOMBARD (Ad.), ✳, I ◯.
MM. LEDERLIN ✳, I ◯, Professeur de *Droit romain*, Chargé du *Cours de Pandectes* et du *Cours d'Histoire du Droit*. (*Droit français* étudié dans ses origines féodales et coutumières).
LIÉGEOIS, I ◯, Professeur de *Droit administratif* et Chargé du *Cours d'Histoire des Doctrines économiques*.
BLONDEL, I ◯, Professeur de *Code civil*.
BINET, I ◯, Professeur de *Code civil* et Chargé du *Cours d'enregistrement*.
GARNIER, I ◯, Professeur d'*Économie politique* et Chargé du *Cours de Législation financière*.
MAY, I ◯, Professeur de *Droit romain* et Chargé du *Cours de Pandectes* et du *Cours de Droit international public* (Doctorat).
GARDEIL, I ◯, Professeur de *Droit criminel*, et Chargé du *Cours de Législation et Économie industrielles*.
BEAUCHET, I ◯, Professeur de *Procédure civile* et Chargé du *Cours de Procédure civile* (Voies d'exécution), et du *Cours de Législation et Économie coloniales*.
BOURCART, I ◯, Professeur de *Droit commercial* et Chargé du *Cours de Droit administratif* (Doctorat).
GAVET, I ◯, Professeur d'*Histoire du Droit* et Chargé du *Cours d'Histoire du Droit et des institutions juridiques de l'Est*.
CHRÉTIEN, I ◯, Professeur de *Droit international public et privé* et Chargé du *Cours de Droit civil approfondi*.
CARRÉ DE MALBERG, A ◯, Professeur de *Droit public et constitutionnel*.
GAUCKLER, I ◯, Professeur de *Code civil*.
MÉLIN, Docteur en droit, *Chargé de Conférences*.
RENARD, Docteur en Droit, *Chargé de Conférences*.
LACHASSE, I ◯, Docteur en Droit, Secrétaire honoraire.
VALÉGEAS, A ◯, Docteur en Droit, Secrétaire.

La Faculté n'entend ni approuver ni désapprouver les opinions particulières du candidat.

CHAPITRE PREMIER

HISTORIQUE

Les lois pénales se bornent ordinairement à prévoir d'une façon générale tous les faits passibles de peines, à définir les éléments constitutifs et généraux de chaque infraction et à proportionner le châtiment à la gravité de l'infraction. Elles étudient le meurtre, l'incendie, le vol, par exemple, sans application spéciale ; de même elles considèrent l'agent responsable du délit d'une façon abstraite; le législateur ne s'inquiète pas des individus, il punit « quiconque » ou tout particulier, ou tout fonctionnaire, et présume pour le discernement du bien ou du mal un type uniforme et moyen d'intelligence, pour la résistance aux impulsions coupables, un type moyen et uniforme de volonté. Mais dans la réalité des affaires, c'est tel meurtre, tel vol qui a été commis, c'est tel meurtrier, tel voleur que l'on doit juger, qu'il faut punir ; il ne s'agit plus d'abstraction.

Or, tous ceux qui commettent un même fait ne le commettent pas avec le même degré de culpabilité, et les circonstances accessoires du fait lui-même ne sont pas toujours identiques. La culpabilité varie d'action à action, d'individu à individu. Il est nécessaire, pour l'application de la peine, de tenir compte de ces nuances multiples de la culpabilité, qui placent souvent à de grandes distances des infractions appelées du même nom. Ce n'est pas le législateur qui peut mesurer cette culpabilité individuelle, déterminer à l'avance tous les aspects sous lesquels un même acte se présente; il ne lui est possible que de statuer sur les délits et les agents considérés en abstraction, ou bien, s'il veut tenir compte de certaines circonstances aggravantes ou atténuantes qui se présentent avec des caractères généraux et permanents, il les définira minutieusement ou les restreindra à certains crimes. Il est donc indispensable que le législateur, tout en déterminant la peine d'après la culpabilité abstraite ou absolue, laisse au juge, pour l'application de cette peine aux cas spéciaux, une latitude dans laquelle il puisse se mouvoir et qui soit suffisante pour tenir compte des divers degrés de la culpabilité individuelle.

La théorie des circonstances atténuantes répond à ce besoin et indique quelle est la part de puissance du juge dans l'application de la peine. C'est l'étude de cette théorie en droit pénal français

actuel que nous allons entreprendre ; examinons
d'abord l'historique.

Nous ne rechercherons pas l'origine de cette
théorie dans notre ancien droit, avant 1790, bien
que des criminalistes importants aient consacré
des chapitres entiers à l'énumération « des causes
qui peuvent faire diminuer la peine » (1) ; les
peines étaient alors presque toujours arbitraires,
le juge, débarrassé à peu près de toute entrave
légale, à une époque où le principe *nullum cri-*
men, nulla pœna sine lege était inconnu, avait
toute latitude de fixer et de modérer les peines
comme bon lui semblait ; il choisissait parmi
toutes les peines admises par l'usage, celle qui
convenait le mieux à chaque fait particulier. Les
peines qu'il appliquait de cette façon étaient appelées peines ordinaires. De plus, si les peines ordinaires ne lui paraissaient pas satisfaisantes, le
juge pouvait les combiner, les atténuer ou les
aggraver. « Les juges sont tellement maîtres d'ar-
bitrer la peine suivant l'atrocité du crime, qu'ils
peuvent prononcer la peine de mort si ce crime
est de nature à mériter cette peine, quoiqu'elle
n'ait pas été établie par la loi. » (2) Les peines ainsi
transformées s'appelaient extraordinaires ou arbitraires.

Le juge, avec un pouvoir illimité en règle géné-

---

(1) Jousse. Livre II, partie III, titre XXV. — Muyart de Vouglans. *Ins-*
titutes au droit criminel, 1re partie, titre II. — Soulatges. *Traité des*
crimes, 1re partie, chapitre 6.

(2) Jousse. Partie III, livre II, titre XXV, p. 603.

rale, se trouvait cependant lié par certains textes
de lois ou d'ordonnances qui avaient établi des
peines spéciales pour des faits directement incriminés ; dans ces hypothèses, il était obligé de
prononcer la peine telle qu'elle avait été édictée
par la loi, si les circonstances étaient les mêmes
que celles prévues par la loi, mais, si elles étaient
différentes, les juges pouvaient augmenter ou
diminuer cette peine, suivant que la justice ou
l'équité l'exigeaient. Une seule chose leur était
interdite, c'était d'inventer une peine nouvelle.

Ainsi l'ordonnance de Blois (art. 195) ayant
établi la peine de mort contre le coupable d'homicide, « si le coupable ne s'est pas contenté de
tuer, qu'il ait coupé en morceaux son ennemi,
les juges peuvent augmenter la peine, soit en
condamnant le coupable à un genre de mort plus
sévère, soit en ajoutant à la simple peine quelque
autre peine qui augmente le supplice » (1).

Avec des pouvoirs aussi étendus, la défense
sociale, confiée aux corps judiciaires, était placée
en bonnes mains ; l'intimidation universelle était
le but poursuivi par cette pénalité à laquelle
l'extrême sévérité et l'atrocité des châtiments ne
répugnaient pas.

Pour ne citer qu'un exemple, il y avait en usage
cinq genres de mort. Les deux plus doux étaient
la potence, destinée aux roturiers, et la décolla-
tion, réservée aux nobles. Ensuite venait le feu

____

(1) Jousse. Partie III, livre II, titre XXV, p. 595.

vif, peine des crimes contre la religion et de quelques-uns des crimes contre les mœurs. La quatrième variété était la roue. Enfin, le plus terrible des supplices, l'écartèlement, était réservé au crime de lèse-majesté humaine au premier chef.

Le système des peines arbitraires offrait cet avantage que le juge placé en face de l'accusé, du fait individuel, pouvait apprécier la gravité morale de tel fait et établir l'importance de telle culpabilité d'une manière plus sûre, que le législateur ne l'aurait fait à l'avance.

La loi procédant nécessairement par catégories générales, par dispositions très étendues, ne peut tenir compte des nuances infinies qui séparent dans la réalité tel vol de tel autre vol, tel crime de tel autre crime. Le juge, au contraire, placé en présence de l'individualité, appréciant les plus légères circonstances qui accompagnent ou suivent le fait, peut, au moyen des peines arbitraires, proportionner le plus ou moins de gravité de la peine au plus ou moins de gravité morale que présente le fait, au plus ou moins de culpabilité qu'il rencontre chez l'individu.

Mais à côté de cet avantage réel, se trouvent des inconvénients qui suffisent à proscrire le principe de l'arbitraire des peines. Non seulement il permettait au juge de punir des faits non prévus par la loi, enlevant ainsi aux citoyens toute sûreté, toute garantie, mais encore on avait à craindre que la répression ne fût plus égale, plus

impartiale, en laissant au juge la disposition de
la peine. Le législateur, par cela même qu'il statue
à l'avance par une disposition générale, sans
avoir sous les yeux et dans l'esprit aucun fait
individuel, statue d'une manière désintéressée et
impartiale, mais le juge tout à fait libre d'appliquer une peine grave ou une peine insignifiante,
dominé dans l'application de la peine par l'influence des circonstances dont il a connaissance,
gardera difficilement cette impartialité, essentielle
à la bonne application d'un système pénal. Il est
à craindre qu'il ne se laisse entraîner tantôt à une
excessive sévérité, tantôt à une excessive indulgence, suivant qu'il cédera à un sentiment de
colère et de vengeance ou à un mouvement d'indulgence.

Aussi, c'est surtout l'arbitraire du juge et l'atrocité des peines qui attirèrent l'attention des philo-
sophes les plus illustres du XVIIIe siècle, tels que
Rousseau en France, Beccaria en Italie, Bentham
en Angleterre ; mais avant de supprimer l'arbitraire des peines, ils se demandèrent ce que c'était
que la peine et d'où venait le droit de punir. Le droit
de punir, dans leur doctrine, n'est qu'un élément
d'une théorie générale embrassant l'universalité
des lois et expliquant l'origine des sociétés humaines. La société est un contrat par lequel les
hommes ont mis fin à l'état de nature, qui est
l'isolement de l'individu. De cette façon ils ont
créé le pouvoir social et les lois, expression de la
volonté générale, que le pouvoir social a pour

mission de faire exécuter. Le but de cette association, de la création d'un pouvoir, est d'assurer la conservation des contractants et de leurs droits naturels. Pour réaliser ce but, il est nécessaire de trouver des moyens de protéger les droits de chacun contre les usurpations d'autrui, les peines seront un de ces moyens, la société pourra infliger des châtiments à quiconque violera les droits de l'un des associés, car les citoyens ont aliéné éventuellement leur droit à la liberté ou à la vie pour le cas où ils viendraient à nuire à la communauté. L'État tenant ainsi du contrat social le droit de punir, ne peut l'exercer que dans les limites de ce contrat. Une de ces limites est surtout l'égalité de la peine. Chacun abandonne éventuellement son droit à la liberté, mais à condition que tous en fassent autant. « Qui veut conserver sa vie aux dépens des autres, doit la donner aussi pour eux quand il faut... Quand le prince lui a dit : il est expédient que tu meures, il doit mourir, puisque ce n'est qu'à cette condition qu'il a vécu en sûreté jusqu'alors... C'est pour ne pas être la victime d'un assassin que l'on consent à mourir si on le devient » (1). La peine est forcément l'application de cette volonté générale dont parle Rousseau, qui ressort de l'ensemble de ces abandons individuels faits par chaque citoyen ; elle ne peut donc être que l'expression de la loi. Elle est un droit individuel inscrit dans la loi ; droit indi-

____

(1) *Contrat social*, livre II, chapitre V

viduel pour l'offensé qui est la société : droit individuel pour l'offenseur, qui a un droit à ne pas
payer plus qu'un autre, donc à payer exactement
le prix du délit, que ce soit une amende ou de la
prison, peu importe. Le prix doit être un forfait
fixé d'avance et invariable, tant pour chaque
crime, tant pour chaque délit.

Beccaria, après avoir posé comme conséquence
du contrat social « que les lois seules peuvent
fixer les peines des crimes » (1), attaque vivement
le pouvoir d'interprétation accordé au juge. « Les
juges criminels ont d'autant moins le droit d'interpréter les lois pénales qu'ils ne sont pas eux-mêmes
législateurs. Rien de plus dangereux que cet
axiome reçu : il faut consulter l'esprit de la loi.
Chaque homme a sa manière de voir, il en a
même une différente, selon les circonstances.
L'esprit des lois serait le résultat de la bonne ou
de la mauvaise logique d'un juge, il tiendrait donc
à une digestion facile ou pénible » (2).

Au contraire, avec le système de la fixité des
peines « le citoyen vivra tranquillement à l'ombre
de la sûreté publique : il jouira du fruit de la réunion des hommes en société, ce qui est juste :
il pourra calculer précisément les inconvénients
d'une mauvaise action, ce qui est utile. » (3)

Un grand nombre de cahiers s'occupent aussi

-----

(1) *Traité des délits et des peines*, § III.
(2) *Op. cit.*, § IV.
(3) *Op. cit.*, § IV.

de la question. Ils sont unanimes à demander la restriction des pouvoirs du juge. « Qu'il soit statué, dit le Tiers de Bordeaux, que les juges soient tenus de se conformer à la lettre de la loi, sans pouvoir s'en écarter sous aucun prétexte. » (1) De même la communauté de Mirabeau veut : « Qu'il ne soit rien laissé à l'arbitraire des juges lesquels motiveront leurs jugements et en répondront, qu'il soit défendu de commenter la loi ou de l'interpréter par des lois anciennes, mais que dans les cas non prévus on soit tenu de se retirer par devers le Roi et les Etats-Généraux pour qu'il soit fait un article de loi à titre d'addition au Code. » La noblesse du Quesnoy demande « qu'aucune peine capitale ne puisse être infligée arbitrairement et d'après l'exemple d'arrêts rendus par d'autres juges en circonstances pareilles ; il n'y aura dès ce moment de jugements rendus qu'en conséquence du texte littéralement suivi d'une loi écrite ». Même vœu dans le cahier du clergé de Châlons-sur-Marne. « Qu'on interdise à tous les juges soit supérieurs, soit inférieurs, l'usage de ce qu'ils appellent la jurisprudence de la Cour, qui les rend arbitres de la loi lorsqu'ils ne devraient en être que les organes. »

A la veille de la Révolution, on demande ainsi partout que le juge soit entièrement lié par la loi et ne puisse en aucun cas la modifier, ni l'interpréter.

---

(1) Desjardins (Albert). *Les cahiers des Etats Généraux en 1789 et la Législation criminelle*, p. 194 et 316.

Aussi le Code Pénal de 1791 (1) s'inspire de ces idées ; les peines sont fixées par la loi, le juge n'a pas la faculté de se mouvoir entre un maximum et un minimum, les pouvoirs du juge au grand criminel sont limités d'une manière absolue. Les magistrats, membres du tribunal criminel n'avaient qu'à se préoccuper de la décision du jury et à appliquer au fait reconnu par lui, la pénalité établie par la loi ; mais les jurés étaient étroitement limités dans leur appréciation des nuances du crime. La loi leur donnait bien la faculté de reconnaître au profit du coupable certaines excuses telles que la minorité de seize ans (2) ou la provocation violente au cas de meurtre (3) ; mais le jury ne pouvait en admettre d'autres, il n'avait à tenir compte, ni des antécédents, ni des circonstances du fait, ni des tempéraments individuels. Tous ceux qui avaient commis la même espèce de crimes étaient placés sur la même ligne, ils étaient tous présumés également responsables, la peine infligée était la même pour tous.

Ce système avait l'avantage d'être exemplaire au souverain degré : chacun de ceux qui étaient tentés de commettre un crime étaient avertis à un jour près, de la durée de la peine à laquelle ils s'exposaient ; et, si la justice n'était que de l'utilité, il n'y avait certainement rien de mieux que d'atta-

---

(1) 26 septembre et 6 octobre 1791 relatif aux crimes, 19 et 22 juillet 1791 pour les délits.

(2) 1re part., t. IV, art. 1, 2 et 3.

(3) 2e part., t. III, section I, art. 9 et 10.

cher à l'avance, à chaque fait déterminé une peine aussi déterminée. Cependant, d'autre part, le législateur statuant à l'avance par une disposition générale, d'une manière absolument impartiale, et supprimant tout pouvoir appréciateur du juge, se prononçait souvent en aveugle. « Le législateur, dit M. Boitard (1), ne peut pas par des catégories générales et inflexibles, embrasser d'une manière également sage et juste la variété infinie des nuances qui, dans la pratique, sépareront l'un de l'autre des faits frappés de la même peine. Par exemple, il est sensible qu'entre le vol d'un objet d'une valeur légère, le vol d'un pain commis sans préméditation, sous l'influence de la faim la plus pressante et celui de 100,000 écus commis après une longue préméditation, par un homme consommé et habitué dans le crime, il existe une énorme différence morale. Est-ce donc que la loi pénale pourra sans injustice, sans de graves inconvénients, appliquer une peine égale à des faits qui, légalement synonymes, sont cependant très distincts l'un de l'autre ».

De même mille autres circonstances telles que les antécédents, la position de l'accusé, les exemples, les conseils qui ont pu le déterminer au mal exercent moralement sur la gravité de sa faute une influence dont le législateur ne peut pas tenir compte à l'avance. Toutefois, cette dernière critique ne s'adresse qu'au grand criminel ; pour les

---

(1) Boitard, 14e leçon, p. 199, Paris 1880.

délits relevant de la police municipale et de la police correctionnelle (1), la loi avait fixé un maximum et un minimum et permis au juge de cumuler l'emprisonnement et l'amende ou de les prononcer séparément; de cette façon le juge municipal ou correctionnel pouvait tenir compte de certaines circonstances atténuantes ou aggravantes du délit.

Néanmoins cette législation méconnaissant cette vérité d'expérience, que chaque infraction varie avec les circonstances qui l'accompagnent et que le juge est seul capable de les apprécier, était allé trop loin : à l'arbitrage du juge, elle avait substitué à l'arbitraire de la loi.

Aussi, dans la pratique, l'application de cette loi inflexible, confiée à des jurés qui connaissaient nécessairement à l'avance, quelque défense qu'on ait pu leur faire, la conséquence légale de leur déclaration, fut-elle souvent écartée, quand les conséquences leur paraissaient trop dures. Le jury souvent convaincu de la culpabilité, mais trouvant trop sévère la peine prononcée par la loi, ou bien répugnant à l'application d'une loi inflexible qui serait la conséquence nécessaire de sa réponse, le jury aima mieux se débarrasser par un mensonge du fardeau trop pesant d'une responsabilité qu'il ne voulut pas subir et assurer à l'accusé la plus complète impunité.

Ce sont ces considérations qui enlevèrent aux

---

(1) Loi des 19 et 22 juillet 1791.

lois postérieures un peu de cette rigueur primitive, généralisèrent en 1810 le système des peines divisibles, et firent naître la théorie des circonstances atténuantes.

La première trace du système des circonstances atténuantes apparaît dans une loi du deuxième jour complémentaire de l'an III sur les conseils militaires, qui autorise le juge à commuer ou à diminuer la peine, si les circonstances atténuent la gravité du délit. « Le conseil prononcera sur tous les délits non énoncés en l'article 14, les peines portées au code militaire ; il pourra cependant les commuer et même les diminuer, suivant que les cas ou les circonstances atténueront la gravité ; il ne pourra jamais les augmenter. (Art. 20.) »

L'atténuation facultative semble se formuler d'une manière plus générale dans le code du 3 Brumaire an IV, l'article 646 était ainsi conçu : « Lorsque le jury a déclaré que le fait de l'excuse proposée par l'accusé est prouvé, s'il s'agit d'un meurtre, le tribunal criminel prononce ainsi qu'il est réglé par l'article 9 de la section première du titre II de la seconde partie du Code pénal. S'il s'agit de tout autre délit, le tribunal réduit la peine établie par la loi à une punition correctionnelle, qui, en aucun cas, ne peut excéder deux années d'emprisonnement. » Les tribunaux, en présence de ce texte, se demandèrent si le Code de Brumaire ne visait que la seule excuse de provocation violente, définie par le Code pénal de 1791, et s'il voulait seulement l'étendre à tous les délits dans lesquels elle pouvait se rencontrer ; ou bien, au contraire, s'il n'avait pas l'intention de donner à l'accusé la faculté d'invoquer en sa faveur tel fait d'excuse qu'il jugerait convenable de proposer, de telle sorte que les peines de tous les délits autres que ceux de meurtre, fussent commués en une simple punition correctionnelle. C'eût été un moyen général de réduire les peines fixes du Code pénal en prenant en considération des circonstances ou excuses atténuantes, laissées indéterminées à l'appréciation du juge ou du jury.

Cette dernière interprétation prévalut d'abord ; les tribunaux criminels, invoquant aussi l'article 374 du même Code, en vertu duquel le président devait poser aux jurés toutes les questions relatives à la moralité du fait et à la gravité du délit, qui résultaient de l'acte d'accusation, des débats ou de la défense de l'accusé, admirent des excuses proposées par les accusés, telles que l'ivresse, la misère, la faiblesse d'esprit et d'autres dans lesquelles ils virent un caractère atténuant. Le Tribunal de cassation, sous l'influence de Merlin, procureur général et rapporteur du Code de Brumaire, adopta cette jurisprudence (1).

Cependant la multiplicité, l'immoralité des faits invoqués comme atténuants, amenèrent la condamnation de cette pratique ; le Tribunal de Cassation déclara que l'article 646 du Code de

____

(1) Cass., 8 frimaire an VII, S. (1791 an XII, 1re partie, p. 135).

Brumaire an IV n'avait pas l'étendue générale attribuée à son texte, que nul n'avait le droit de créer des exceptions nouvelles et qu'il ne pouvait être proposé au jury d'autres faits d'excuse que ceux déclarés tels par la loi. Cela résultait, en effet, du renvoi que cet article faisait au Code du 27 septembre 1791, où l'excuse de provocation violente était prévue et définie.

Une loi du 27 Germinal an IV, contre toute espèce de provocation à la dissolution du Gouvernement républicain et tout crime attentatoire à la sûreté publique et individuelle, avait admis un système de circonstances atténuantes indéterminées pour tous les crimes qu'elle réprimait. L'art. 1er, *in fine*, disait : « La peine de mort sera commuée en celle de la déportation, si le jury déclare qu'il y a dans le délit des circonstances atténuantes ».

Enfin, une loi du 25 Frimaire an VIII, fixa un maximum et un minimum pour chaque crime qu'elle prévoyait et transporta à la juridiction correctionnelle la connaissance de ces faits.

Malgré tout, des peines fixes subsistaient pour les infractions de la compétence du jury.

Le Code pénal de 1810, s'arrêtant à un juste milieu entre notre ancienne législation qui donnait au juge un pouvoir arbitraire dans le sens de l'aggravation comme dans celui de l'atténuation, et la législation de 1791 qui, dans les matières de la compétence du jury, fixait un taux invariable, attacha aux crimes qu'il réservait au jury une peine variable, en général, entre un maximum et un minimum. La Cour avait ainsi, dans ces limites, la faculté de prendre en considération les circonstances matérielles ou individuelles de l'infraction, de faire varier dans une certaine mesure l'étendue de la peine encourue par l'accusé. Ce principe posé renfermait une innovation importante relative à la matière de l'instruction criminelle. Depuis l'institution du jury en matière criminelle, on se représentait ainsi les pouvoirs du jury et du tribunal : à l'un, la connaissance exclusive du fait ; à l'autre, celle du droit et uniquement du droit. A partir de 1810, une fois le système du minimum et du maximum admis, cette division se trouve un peu faussée ; c'est encore au jury qu'appartient toujours le droit de déclarer l'accusé coupable, de proclamer l'existence, la réalité du fait ; mais cette appréciation une fois donnée, il faut bien que la Cour d'assises, pour appliquer une peine plus ou moins forte, variable entre le maximum et le minimum, examine toutes les circonstances qui ont pu ou aggraver, ou atténuer, ou affaiblir la culpabilité de l'accusé ; en un mot, le juge n'a plus pour mission unique de se cantonner dans le domaine exclusif du droit, il devient aussi juge du fait.

Cette innovation qui, tout en modifiant le principe de l'inflexibilité des peines du Code de 1791, avait donné légalement au juge l'appréciation des circonstances particulières de chaque affaire, ne parut pas cependant suffisante.

D'abord, on ne trouva pas que la différence qui sépare le minimum et le maximum des peines fût, en général, aussi large, aussi étendue que l'intervalle qui sépare dans la réalité, au jugement de la conscience, deux faits désignés du même nom et punis de la même peine : l'un pouvait être puni à peine assez gravement par le maximum, l'autre beaucoup trop sévèrement par le minimum. Aussi, plus d'une fois, sous l'empire du Code de 1810, le jury, malgré cette latitude de pouvoirs laissée à la Cour d'assises, trouvant le minimum de la peine trop dur dans l'espèce particulière qui lui était soumise, dérobait l'accusé à l'application de ce minimum par une déclaration de non-culpabilité : comme en 1791 la gravité de la peine eut pour résultat l'impunité.

De plus, cette latitude donnée au juge dans l'application de la peine par le Code de 1810, consistait non pas dans un changement de nature de peine, dans la possibilité de prononcer une pénalité d'un degré inférieur, mais simplement dans la variation de la durée et de l'étendue de la peine.

De là cette conséquence que pour les peines perpétuelles le système du maximum et du minimum n'était pas possible, ni la peine de mort, ni les travaux forcés à perpétuité, ni la déportation ne l'avaient admis. Dès lors, toutes les objections faites depuis 1791 contre l'inflexibilité des peines se représentaient en 1810 avec d'autant plus de force que le Code pénal en avait condamné lui-même le principe, en faisant varier la durée des peines temporaires. Et certes, si le principe est fâcheux, si les résultats sont dangereux, ils le sont d'autant plus que la peine inflexible est en elle-même plus sévère ; s'il y a à craindre que la terreur ne mène à l'impunité, c'est surtout quand la peine est à vie, quand l'application est la peine de mort. Aussi de nombreux acquittements ont-ils attesté trop souvent que la conscience du jury répugnait à ce système, et des accusés, évidemment coupables; ont ils été déclarés innocents par ce motif que le jury instruit d'avance des conséquences d'une déclaration de culpabilité préférait se mentir à lui-même qu'exposer l'accusé à une peine trop sévère, que les juges se verraient dans la nécessité d'appliquer. Ce sont ces résultats constatés par la pratique qui, d'abord en 1824 et plus tard en 1832, contribuèrent à étendre et à augmenter ce système de latitude introduit par le Code de 1810.

Cependant les pouvoirs du juge dans l'application de la peine, qui étaient restreints pour les matières criminelles, par le Code pénal do 1810, dans les limites d'un maximum et d'un minimum, étaient plus étendus en matières correctionnelles, grâce à un système de circonstances atténuantes, ainsi justifié par le rapporteur. « Au milieu d'un aussi grand nombre de délits que le Code a prévus, disait M. Faure, il est facile de concevoir que plus d'une fois des actes qualifiés délits seront accompagnés de circonstances particulières qui loin de les aggraver, les atténueront terriblement. La justice reconnaîtra peut-être en même temps que le dommage éprouvé par la personne est extrêmement modique, il pourrait alors résulter que le minimum de la peine déterminé par la loi, pour ce cas général, serait trop fort et que les juges se trouveraient placés dans l'alternative d'user envers le coupable d'une rigueur dont l'excès leur paraîtrait injuste ou de le renvoyer absous en sacrifiant le devoir du magistrat à un sentiment inspiré par l'humanité. » (1)

Aussi l'art. 463 autorisait-il les Tribunaux correctionnels, dans le cas où la peine de l'emprisonnement était prononcée par le Code, si le préjudice n'excédait pas 25 fr. et si les circonstances paraissaient atténuantes, à descendre dans l'application de la peine au-dessous du minimum légal, à réduire l'amende et l'emprisonnement au niveau des peines de simple police et à n'appliquer que l'une ou l'autre de ces deux peines lorsqu'elles étaient prononcées conjointement par la loi.

Cette timide intervention ne s'appliquait ni aux crimes, ni aux contraventions, ni aux délits réprimés par les lois spéciales non abrogées par le Code pénal (2).

En présence des raisons invoquées par le légis-

---

(1) Exposé des motifs du titre II, livre III, du Code pénal. Séance du Corps législatif du 9 février 1810. Locré, tome XXXI, p. 163.

(2) Cass. 10 sept. 1812 et 12 mars 1813. (S. 1812-1814, I, p. 189 et 297.)

lateur de 1810 pour justifier l'admission du principe des circonstances atténuantes en matière correctionnelle on peut se demander pour quels motifs, ce principe ne fut pas accepté en matière criminelle et en matière de simple police.

Les mêmes raisons ne pouvaient-elles pas s'appliquer aux crimes, n'y avait-il pas plus de chance, en effet, les peines étant plus élevées, et le jury plus porté que le magistrat, à sacrifier le devoir à l'humanité, de voir se produire un acquittement déterminé par une rigueur excessive de la loi ? La question s'était posée d'elle-même au législateur de 1810 et le rapporteur, dans l'exposé des motifs, nous indique pourquoi la même règle n'a pas été établie en faveur des crimes. « Tout crime, dit-il, emporte peine afflictive ou infamante, mais tout crime n'emporte pas la même espèce de peine : tandis qu'en matière correctionnelle la peine est toujours, soit l'emprisonnement, soit l'amende, soit l'un et l'autre ensemble. Celà posé, la réduction des peines de police correctionnelle ne frappe que sur la quotité de l'amende et sur la durée de l'emprisonnement ; au contraire, les peines établies pour les crimes étant de différentes espèces, il faudrait, lorsqu'un crime serait atténué par quelque circonstance qui porterait le juge à considérer la peine comme trop rigoureuse, quant à son espèce, il faudrait que le juge fut autorisé à changer l'espèce de peine et à descendre du degré fixé par la loi à un degré inférieur ; par exemple, à prononcer la réclusion au lieu des travaux forcés

à temps, où à substituer le carcan à la réclusion ;
ce changement, cette substitution ne serait pas une
réduction de peine proprement dite, elle serait
une véritable commutation de peine. Or, le droit
de commuter la peine est placé, par la Constitution dans les attributions du Souverain : il fait
partie du droit de grâce. C'est au Souverain seul
qu'il appartient de décider, en matière de crime,
si telle circonstance vérifiée au procès est assez
atténuante pour justifier une commutation. La
seule exception laissée au pouvoir judiciaire est
dans le cas d'excuse ; encore faut-il que le fait
allégué pour excuse soit admis comme tel par la
loi, avant qu'on puisse descendre, en cas de
preuve, à une peine inférieure. Il résulte de ces
observations qu'en fait de peine afflictive ou infamante, le juge doit se renfermer dans les limites
que la loi lui a tracées ; qu'il ne peut dire que le
fait est excusable que lorsque la loi a prévu formellement les circonstances sur lesquelles l'excuse est fondée et que toute application d'une
peine inférieure à celle tracée par la loi est un
acte de clémence qui ne peut émaner que du
prince, unique source de toutes les grâces. » (1)

Le législateur de 1810 avait donc songé à étendre
les dispositions de l'art. 463 aux matières criminelles, s'il ne l'a pas fait, c'est qu'il a considéré
que : modifier la peine prononcée par la loi, en
changer la nature, c'était la commuer, et par con-

---

(1) Locré, tome XXXI. Exposé des motifs, id , p. 164 et 165.

séquent empiéter sur les attributions du souverain auquel seul le droit de grâce appartient.
C'était une erreur, le rôle de la grâce est de n'opérer
qu'après l'œuvre de la justice, c'est un acte de
clémence ; tandis que le juge remplit sa mission
et rend la justice, sans empiéter sur les droits du
souverain quand il applique une peine proportionnée à la nature et aux circonstances d'une
infraction.

De plus, le droit de grâce s'exerce de différentes
manières : par la remise de la peine, par la substitution d'une peine moindre, par la diminution de
la même peine ; or, si le législateur ne voyait pas
une altération du droit de grâce dans la faculté
accordée au juge d'appliquer le minimum de la
peine, ce qui était une atteinte à l'un des trois
modes du droit de grâce, il était aussi facile de
reconnaître que ce droit ne serait pas lésé davantage par la substitution judiciaire d'une peine à
une autre.

Ce droit, refusé aux cours d'assises, n'était-il
pas donné aux tribunaux correctionnels par
l'art. 463 ? Ils avaient le droit non seulement de
réduire l'amende et l'emprisonnement, mais aussi
de prononcer séparément l'une de ces peines ; or,
appliquer l'amende seule à un délit puni à la fois
de prison et d'amende, c'est effacer l'une des
peines et substituer une peine moindre à une
autre plus grave.

Aussi ne faut-il pas chercher dans la sauve-
garde du droit de grâce le vrai motif de cette res-

triction des circonstances atténuantes aux matières correctionnelles, c'était plutôt une revanche des rédacteurs du Code, tels que Siméon, Portalis, Bigot, de Préameneu, qui, dans la discussion, avaient combattu l'institution du jury, et, n'ayant pas triomphé, ont restreint ses pouvoirs.

La sévérité excessive du Code pénal de 1810 fut l'objet de vives critiques, et le jury, se considérant comme un pouvoir sans limites et souverain, s'insurgeant contre la sévérité de la loi et acquittant les coupables, força le Gouvernement à s'occuper de la législation criminelle.

Un adoucissement de pénalité eut lieu pour certains crimes en 1824. M. de Peyronnet, garde des sceaux, s'explique ainsi dans l'exposé des motifs de la loi du 25 juin 1824 : « L'empire des lois outrées, comme l'appelle Montesquieu, s'établit difficilement. Aussi, plusieurs dispositions du Code pénal furent-elles mal exécutées. Tantôt ce sont les juges eux-mêmes qui craignent d'être injustes en suivant la loi, et qui substituent à son interprétation naturelle une interprétation forcée, qui en altère le sens ou la détruit ; tantôt c'est le jury qui, préférant la justice à la vérité, nie volontairement l'évidence et se félicite de pouvoir échapper, par le mensonge, au regret d'avoir provoqué des condamnations qui ne seraient pas équitables » (1). Le système des circonstances

____

(1) *Archives parlementaires.* Mavidal et Laurent, tome XLI, p. 1, 28 mai 1824.

atténuantes fut admis par cette loi pour un petit nombre de crimes et permit à la Cour d'appliquer une pénalité inférieure. Ce système d'atténuation ne s'adressait qu'aux crimes suivants : 1° à l'infanticide commis par la mère, laquelle peut dès lors n'être punie que des travaux forcés à perpétuité (art. 5) ; 2° aux blessures et aux coups volontaires ayant entraîné une incapacité de travail de plus de vingt jours, la peine de la réclusion pouvait être réduite aux peines de l'article 401 sans que l'emprisonnement pût descendre au-dessous de trois ans (art. 6) ; 3° aux vols commis sur les chemins publics, mais sans armes, violences et autres circonstances prévues par l'article 381 du Code pénal : la peine des travaux forcés à perpétuité prononcée par le Code pouvait être remplacée par les travaux forcés à temps ou la réclusion (art. 7) ; 4° aux vols commis avec effraction et escalade : des travaux forcés à temps on pouvait descendre à la réclusion ou au maximum des peines correctionnelles de l'article 401 (art. 8) ; 5° aux vols commis la nuit dans une maison habitée, jadis punis de la réclusion, désormais passibles du maximum des peines de l'article 401 (art. 9) ; 6° enfin les vols commis dans les champs et ceux commis dans une auberge étaient de la compétence du tribunal correctionnel et punis des peines de l'article 401 (art. 2 et 3).

Cette loi avait le tort de refuser le bénéfice des circonstances atténuantes à des coupables qui n'en étaient pas forcément indignes : elle avait décidé, en effet, que les mendiants, les vagabonds et les individus déjà condamnés à des peines afflictives ou infamantes, ou à un emprisonnement de plus de six mois, sauf pour le crime d'infanticide commis par la mère, en seraient exclus ; d'autre part, la latitude du maximum au minimum, qui continuait à s'appliquer à la plupart des crimes, ne correspondait pas aux différences qui pouvaient séparer les faits ; la nature des peines réservées à ces crimes était invariable et le minimum manquait même dans les trois peines afflictives perpétuelles.

Enfin cette loi, sous prétexte que « la réduction est une modification de la peine, et que dans notre système judiciaire le choix et l'application de la peine sont exclusivement dans les appréciations du juge » (1), conféra à la Cour seule le droit d'apprécier et de déclarer les circonstances atténuantes. C'était d'abord fausser le principe de la division des attributions du jury et de la Cour ; les jurés n'étaient plus juges souverains du fait, on leur enlevait l'appréciation de ces circonstances inséparables du fait dont elles déterminent le degré plus ou moins grand de criminalité. Aussi le but de la loi, qui était de ne plus mettre les jurés dans cette alternative fâcheuse, qui ne leur laisse pas de moyen terme entre une pénalité trop sévère et l'acquittement complet

---

(1) De Peyronnet. Exposé des motifs. *Archives parlementaires*, tome XLI, p. 5.

d'un accusé, fût-il manqué. Les jurés, en effet, ayant d'un côté une réponse à rendre sur la culpabilité, voyant de l'autre dans le Code pénal la peine de mort, les travaux forcés ou d'autres peines trop sévères, ne sachant pas si la Cour consentirait à modifier la peine, échappaient souvent, par un acquittement complet et mensonger, à une nécessité de condamnation à une peine trop sévère.

En 1832 (1), la nécessité de mettre fin à l'insuffisance de la loi de 1824, le besoin d'une répression plus certaine de la part du jury, et la recherche d'un moyen permettant d'adoucir les rigueurs de la loi autrement que par une minutieuse révision de détail, firent admettre la théorie des circonstances atténuantes en matière criminelle, correctionnelle et de simple police.

Les restrictions de l'art. 463 de 1810, relatives aux matières correctionnelles, furent supprimées; désormais, peu importe que le délit soit puni d'emprisonnement ou d'amende, que le préjudice excède ou non 25 francs, le juge aura le droit de réduire l'emprisonnement et l'amende au minimum des peines de simple police, de ne prononcer que l'une de ces deux peines et même de substituer l'amende à l'emprisonnement, lorsqu'il est seul prononcé par la loi; dans tous les cas, les circonstances atténuantes purent être accor-

---

(1) Loi du 28 avril.

dées aux vagabonds, aux mendiants et même à l'individu en état de récidive, et, pour donner satisfaction aux vœux du jury, on lui confia la mission de les apprécier et de les déclarer. De la sorte, « on a pensé rendre la répression moins rigoureuse, mais plus égale et plus assurée et racheter, par un peu d'indulgence, les chances trop grandes d'impunité (1) ».

Mais cette loi n'avait pas seulement pour objet de rendre aux verdicts du jury leur sincérité et de diminuer le nombre des acquittements, elle voulut remédier, au moyen de cette nouvelle théorie, à une refonte générale du Code pénal de 1810, réclamée à cette époque. « Une aussi grande entreprise, disait M. le Garde des sceaux, aurait exigé beaucoup de temps, de travaux et de débats. On risquait ainsi de retarder indéfiniment les améliorations qui s'imposaient et qui présentaient un caractère d'urgence. On a pourvu au plus pressé... En même temps que l'on renonçait à tenter, quant à présent, les modifications de toute notre législation criminelle, il fallait, toutefois, trouver un moyen d'étendre à toutes les matières la possibilité d'adoucir la loi autrement que par une minutieuse revision des moindres détails. Pour atteindre ce but, le projet de loi a introduit dans les affaires de grand criminel la faculté d'atté-

____

(1) Rapport de M. Dumon à la Chambre des députés. Séance du 11 novembre 1831. *Archives parlementaires*, Mavidal et Laurent. Tome 71, p. 475.

nuation que l'art. 463 du Code pénal ouvre pour les matières correctionnelles (1) ».

« Ce système des circonstances atténuantes, disait le rapporteur de la loi à la Chambre des députés, résoudra dans la pratique les plus fortes objections contre la peine de mort, contre la théorie de la récidive, de la complicité, de la tentative. Qu'importe, en effet, que la peine de mort soit une peine égale pour tous, et qui ne peut, par conséquent s'appliquer avec équité à des crimes souvent inégaux, si l'admission des circonstances atténuantes permet d'écarter la peine de mort dans les cas les plus favorables? Qu'importe que la récidive ne procède pas toujours d'un progrès d'immoralité, et, par conséquent ne mérite pas toujours une aggravation de peine, si, dans les cas privilégiés, l'admission des circonstances atténuantes écarte cette aggravation? Qu'importe que la complicité, si diverse dans ses formes et sa criminalité, ne puisse toujours être équitablement assimilée au crime principal, si l'admission des circonstances atténuantes rétablit les différences que l'assimilation générale du complice à l'auteur du crime a négligées? Qu'importe, enfin, que la loi égale dans tous les cas la tentative à l'exécution, quoique, dans l'opinion commune, la gravité d'un crime se mesure en partie aux résultats qu'il a produits, si l'admission des circonstances atté-

____

(1) Présentation du projet par M. le Garde des sceaux. Séance du 31 août 1831.

nuantes permet au jury de tenir compte à l'accusé du bonheur qu'il a eu de ne pouvoir commettre son crime? Qu'on y pense bien, toutes ces questions si ardues, si controversées, dans l'examen desquelles il serait si difficile, même approximativement, de formuler les différences et de marquer les degrés, peuvent se résoudre avec autant de facilité que de justesse par le système des circonstances atténuantes confié à la droiture du jury (1) ».

Ainsi, le législateur a donné aux juges, dans chaque cas particulier, le moyen de reviser le Code pénal, d'abroger ou de maintenir la peine de mort, d'assimiler ou non la tentative au crime consommé, le complice à l'auteur principal, et même, si un fait se présente, dénué de toute circonstance qui paraisse en diminuer la gravité, la sévérité de la loi qui le réprime peut être considérée comme circonstance atténuante et entraîner une modification de peine. C'est l'abrogation tacite de la règle portée par l'art. 342 du Code d'instruction criminelle qui recommande aux jurés, lors de la déclaration qu'ils ont à faire, de ne pas songer aux dispositions des lois pénales, ni aux conséquences de leur déclaration, par rapport à l'accusé; le défenseur de l'accusé, depuis la loi de 1832, a le droit de citer la loi pénale aux jurés et de leur faire connaître les conséquences de leur

---

(1) Rapport de M. Dumon à la Chambre des députés. Séance du 11 novembre 1831. *Archives parlementaires*, tome 71, p. 475.

verdict. Rarement le ministère public ou le président des assises ont élevé des objections contre ce droit du défenseur ; aussi, dans la pratique, la gravité de la peine détermine le jury à admettre les circonstances atténuantes ; et les accusations capitales en bénéficient dans une plus grande proportion que les autres.

Le véritable caractère de la loi de 1832 nous apparaît dans cette appréciation de M. Beudant : « Le législateur voulut, sur les points encore mal résolus, réunir à ses lumières celles du pays ; il chercha un pouvoir qui put, selon les temps, les lieux et les circonstances, suivre les vicissitudes de l'opinion, si l'on ne veut pas dire les progrès de l'esprit humain, afin de maintenir sans cesse la répression d'accord avec les mœurs. Le jury s'offrait et fut choisi pour exercer sur le droit pénal, ce contrôle de chaque jour, que les préteurs avaient exercé d'une manière si fructueuse sur le droit civil de Rome (1) ».

Quand nous aurons étudié en détail la théorie des circonstances atténuantes, nous verrons quels résultats elle a donné en pratique ; cependant, il est utile d'indiquer ici, qu'à la suite de la loi de 1832 le nombre des acquittements fut réduit de près de moitié ; celui des condamnations correctionnelles augmenta dans la même proportion, quant aux condamnations à des peines afflictives

---

(1) Ch. Beudant. *De l'indication de la loi pénale dans la discussion devant le jury*, p 159.

et infamantes, elles se sont maintenues en nombre à peu près égal (1).

Cependant, sous l'empire de la législation de 1832, on remarquait que dans un certain nombre de cas, le jury se refusait à reconnaître comme crimes, des faits ainsi qualifiés par le Code, soit en acquittant, malgré l'évidence de la culpabilité, soit en réduisant l'accusation aux proportions d'un simple délit, par le rejet de circonstances aggravantes et la déclaration de circonstances atténuantes ; aussi, les magistrats, pour éviter des acquittements regrettables, avaient-ils été amenés à soustraire à la compétence du jury des faits pour lesquels il montrait trop d'indulgence, et dissimulaient-ils, par un abus juridique, quelques-unes des circonstances aggravantes constitutives du crime pour le rendre à la compétence des tribunaux correctionnels.

La loi du 3 mai 1863, reconnaissant l'illégalité d'un tel procédé, d'où « naissait quelquefois de graves conflits de juridiction, s'il arrivait que l'appréciation du magistrat instructeur ne se rencontrait pas avec celle du juge d'audience (2) », convertit néanmoins par raison d'ordre public un certain nombre de crimes ou délits. Ainsi, les coups et blessures ayant entraîné une incapacité de travail de plus de 20 jours, la corruption, la

(1) Rapport sur l'administration de la justice criminelle de 1825 à 1880, p. 45.

(2) Rapport de Belleyme, Sirey, Lois annotées, 1863, p. 56.

concussion dans certains cas, le faux témoignage en matière correctionnelle et de simple police, les menaces, furent déférés aux tribunaux correctionnels.

Une disposition spéciale de cette loi diminua aussi les pouvoirs presque illimités du juge correctionnel en matière de circonstances atténuantes. Le projet de loi présenté par le Gouvernement restreignait cette faculté d'atténuation : 1° à six mois d'emprisonnement et à 100 francs d'amende, si le minimum légal de ces peines était de deux ans de prison ou de cinq cents francs d'amende; 2° à trois mois d'emprisonnement et à vingt-cinq francs d'amende, si le minimun légal était d'un an de prison ou de 100 francs d'amende. La Commission du Corps législatif modifia ce projet et fit accepter une nouvelle rédaction de l'article 463, décidant qu'au cas où la peine prononcée par la loi était un emprisonnement minimum d'une année ou une amende minima de cinq cents francs, le tribunal ne pourrait réduire l'emprisonnement au-dessous de six jours, l'amende au-dessous de seize francs, ni substituer l'amende à l'emprisonnement; dans les autres cas, le tribunal conservait la faculté illimitée d'atténuation, c'est-à-dire celle d'appliquer le minimum des peines de simple police et de substituer l'amende à l'emprisonnement.

Cette disposition avait été l'objet d'une vive discussion au Corps législatif. Les partisans de la criminalité subjective, ceux qui considéraient plutôt l'agent que le fait commis, demandaient le

maintien, pour les juges correctionnels, du pouvoir absolu d'abaisser à leur gré la peine, suivant
l'inspiration de leur conscience et la perversité du
coupable. Les éléments de la culpabilité étant
complexes et les nuances multiples, la peine, en
effet, ne pouvait s'adapter justement à cette culpabilité qu'à la condition d'être flexible et susceptible d'une atténuation discrétionnaire. Un texte
de loi pouvait-il tout prévoir, le juge n'était-il pas
au contraire mieux placé pour apprécier chaque
fait et lui appliquer le châtiment correspondant?
Telle fut, en résumé, la doctrine de l'omnipo-
tence du Tribunal correctionnel défendue par
MM. Emile Olivier, Jules Favre, Picard, Nogent
St-Leurent, etc. (1).

Les partisans de la restriction demandée envi-
sageaient surtout le point de vue objectif de la criminalité, le fait incriminé plutôt que la personne
du coupable et reprochaient à l'article 463 de 1832
un retour au système des lois arbitraires. « Avec
l'article 463, il n'y a plus de loi, plus de règle pour
le juge, plus de garantie pour la société, lit-on
dans le Rapport de Belleyme (2). A quoi bon tout
un ensemble de dispositions, pour déterminer la
durée des peines, pour la mesurer et la graduer
selon l'importance de chaque délit, pour fixer un
maximum ou un minimum qui semblent les limites sérieuses entre lesquelles la sagesse du juge

(1) Discussion des 10, 11, 13, 14, 17 et 18 avril (*Moniteur* du 11, an 19).
(2) Rapport de Belleyme, Sirey, lois annotées, 1863, p. 67.

est autorisée à se mouvoir, si par une disposition qui met l'exception à la place de la règle, qui dispense le juge d'obéir à la loi, qui lui permet de mettre son appréciation au-dessus de celle du législateur et de se rendre l'arbitre souverain de la quotité des peines, vous énervez la loi en détruisant d'un seul trait toute son économie? A quoi bon les distinctions qui semblent classer les délits et établir entre eux des degrés de gravité si vous permettez au juge de leur appliquer à tous la même peine. » Enfin une dernière considération fit triompher la doctrine du pouvoir limité du juge correctionnel. Au grand criminel la liberté d'atténuation était bornée et définie, les juges pouvaient abaisser la peine d'un ou de deux degrés, sans cependant réduire la durée de l'emprisonnement au-dessous d'un an, pourquoi une limite n'existait-elle pas aussi en matière correctionnelle, en présence d'une autorité unique soumise à toutes les influences des situations et des personnes. Etablir ainsi deux poids et deux mesures c'est rompre l'unité de la loi et compromettre le principe de l'égalité des agents criminels devant la loi, c'est ouvrir la porte au caprice et à la faveur.

Cependant il est permis de douter de l'utilité de cette réforme. Avait-on bien fait en 1863 de diminuer les pouvoirs du juge correctionnel, sous prétexte qu'il avait abusé des circonstances atténuantes et favorisé de la sorte un énervement de répression? Nous ne le croyons pas. « Tous les orateurs, soient qu'ils aient critiqué, soient qu'ils aient défendu la loi, ont proclamé à l'envi que cette institution utile et féconde était une précieuse conquête de notre législation moderne, qu'elle a préservé l'ordre en diminuant l'impunité, assuré la répression en permettant qu'elle fut plus juste et concilié ainsi le double devoir de la justice pénale qui est de punir avec discernement et mesure (1). » Le rapporteur lui-même avouait que le nombre des délits avait sensiblement diminué depuis une dizaine d'années, que la répression était suffisante, qu'elle n'était pas énervée par l'usage des circonstances atténuantes, et que les intérêts de la société étaient parfaitement sauvegardés. Malgré cela, la commission restreignit les pouvoirs du juge correctionnel parce qu'il prononçait seulement une amende en cas de vol et d'escroquerie. L'amende ne lui parut pas une peine suffisante pour les délits aussi graves. Mais, comme le font remarquer MM. Chauveau et Fauslin Hélie (1), était-il bien sûr qu'une peine, même minime, prononcée pour les cas cités, n'était pas suffisante, si la fraude avait été peu grave et le préjudice causé très faible. Ne valait-il pas mieux laisser au juge cette latitude qui lui permet, pour prononcer une peine exacte, de saisir toutes les nuances de la culpabilité individuelle, que le législateur lui-même est incapable de fixer. Le minimum de six

---

(1) Chauveau et F. Hélie. Théorie du Code pénal, t. VI, n· 2703.

(1) Chauveau et Faustin Hélie, t. VI, n· 2703.

jours de prison, quoique faible, marquait d'infamie un homme qui, peut-être ne mérite pas cette mesure. « Il ne paraît pas que ce soit une mauvaise chose, disent les mêmes auteurs, que la faculté de substituer une amende à de courts emprisonnements qui n'ont aucun effet pénitencier. L'amende punit sans flétrir, elle avertit avec sévérité, mais sans effleurer la dignité personnelle. »

Aussi par un décret du 27 novembre 1870 le Gouvernement de la Défense nationale remit en vigueur le dernier alinéa de l'article 463 de 1832 en ces termes : « Considérant que la loi du 13 mai 1863, dans le but d'aggraver au lieu d'adoucir, suivant le progrès de nos mœurs, notre système pénal avait restreint la liberté accordée au juge correctionnel par l'article 463 de modérer les peines dans le cas d'admission des circonstances atténuantes ;

Décrète : Dans tous les cas où la peine de l'emprisonnement et celle de l'amende sont prononcées par le Code pénal ; si les circonstances paraissent atténuantes, les tribunaux correctionnels sont autorisés, même en cas de récidive, à réduire l'emprisonnement au-dessous de six jours et l'amende même au-dessous de seize francs ; ils pourront ainsi prononcer séparément l'une ou l'autre de ces peines, et même substituer l'amende à l'emprisonnement, sans qu'en aucun cas, elle puisse être au-dessous des peines de simple police.

Lorsque l'Assemblée nationale chargea une

commission de rechercher parmi les décrets du Gouvernement de la Défense nationale quels étaient ceux à modifier ou à maintenir, le rapporteur de cette commission parla en ces termes du décret du 27 novembre 1870 : « L'article 463, revisé en 1832, était appliqué depuis plus de trente années sans susciter de plaintes sérieuses, lorsque la loi de 1863 est venue restreindre la liberté qu'il avait laissée aux juges, dans la confiance qu'ils n'en useraient que pour mieux proportionner la peine au délit. La magistrature n'avait pas vu sans regrets resserrer dans des limites plus étroites, la gradation des peines laissées à sa disposition. En vertu du décret du 27 novembre 1870, nous sommes donc revenus à une loi qui a pour elle une longue expérience et nous sommes convaincus que pour obtenir une répression efficace, la société n'a pas besoin de l'abrogation de ce décret. »

Enfin, une loi du 26 octobre 1888 a permis, dans le dernier paragraphe de l'article 463, de substituer à l'emprisonnement une amende de un à trois mille francs. Cette innovation, en comblant une lacune de la loi, conduit à un résultat choquant. S'il s'agit, en effet, d'un délit puni d'emprisonnement ou d'amende, le tribunal, voulant écarter la première de ces peines, ne pourra dépasser le maximum de l'amende fixée par l'article du Code, maximum souvent inférieur à trois mille francs ; s'il s'agit, au contraire, d'un délit moins grave, mais puni seulement d'emprisonnement, le tribunal pourra porter l'amende à trois mille francs. Il suffisait, pour éviter cette contradiction, d'autoriser le juge à élever dans tous les cas l'amende à trois mille francs.

L'article 463 actuel forme sous une rubrique spéciale : Dispositions générales, un appendice au titre II du livre III : Crimes et délits contre les particuliers ; dans le projet de réforme du Code pénal français. dont la partie générale fut publiée en 1892 par la commission, ce système s'appliquant à toutes les matières de droit commun, est placé dans cette partie générale, c'est l'ordre rationnel. Le projet reproduit des règles analogues à celles du Code pénal actuel, mais avec de sérieuses améliorations qui proviennent en partie de la supériorité de son régime pénitentiaire.

L'article 62 dispose : « Lorsque les circonstances atténuantes ont été déclarées en faveur d'un accusé ou d'un prévenu, les peines prononcées par la loi seront modifiées ainsi qu'il suit : Si la peine prononcée par la loi est la mort, la peine appliquée sera l'emprisonnement perpétuel ou temporaire, sans que le minimum puisse être abaissé au-dessous de cinq ans. Si la peine est celle de l'emprisonnement perpétuel, le juge appliquera l'emprisonnement à temps, sans que le minimum puisse être abaissé au-dessous d'un an. Si la peine est celle de l'emprisonnement temporaire ou de la détention, le juge ne pourra l'élever au-dessus de la moitié du maximum porté par la loi. Dans le cas où le maximum n'est pas supérieur à cinq ans, le juge pourra substituer à l'emprisonnement ou à la détention, soit les arrêts de police, soit l'amende. Si la peine est celle des arrêts de police, le juge pourra y substituer l'amende de un franc à deux cents francs. »

La déclaration de circonstances atténuantes permet de dispenser de la relégation les condamnés qui ne l'ont pas encore encourue. « En cas de circonstances atténuantes, dit l'article 63, le juge pourra dispenser pour la première fois seulement le condamné de la relégation » (1).

Il ressort en résumé de cet aperçu historique, que la théorie des circonstances atténuantes nous apparaît comme un mouvement de réaction contre les théories abstraites et égalitaires de la fin du XVIIIe siècle, dont les principes dominent les codes de 1791 et de 1810. A cette époque, le crime est considéré comme une entité juridique en face de laquelle s'élève une autre entité non moins abstraite, le criminel, le délinquant, à qui on appliquait la peine sans se soucier, dans chaque cas particulier, de la variété des actions et des infractions humaines. On supposait ainsi que pour tout homme en face d'un même crime, la responsabilité étant égale, la peine, par suite, devait être égale. Un fait avait été commis, il fallait une réparation identique, la même pour tous, déterminée

____

(1) *Examen critique et comparé du projet de réforme du Code pénal français* (Partie générale), par Champcommunal, Paris 1896, p. 59 et suiv.

d'une façon générale par le législateur, d'après le dommage que le crime avait fait éprouver à la société. Cependant, ces constructions artificielles et abstraites se heurtaient aux faits de la réalité et à la vie elle-même ; y avait-il, en effet, au point de vue de leur réalisation, deux crimes qui se ressemblaient, pouvait-on admettre forcément que tout homme, en présence d'un fait à réaliser, avait été toujours libre, en un mot, que tout acte volontaire était libre ; ensuite, à côté de cette liberté réputée égale pour chaque homme en pré-sence d'un même acte, n'y avait-il pas place pour une demi-liberté ?

Dans la pratique pénale on constata qu'il n'y avait pas deux crimes semblables ; aucun meurtre par exemple ne se répète, il y a lieu de tenir compte de la préméditation, de l'entraînement et de la spontanéité, des relations avec la victime, du but que poursuit l'agent, du plus ou moins de cruauté dont il a fait preuve et de bien d'autres circonstances. On reconnut aussi que tout acte volontaire n'était pas forcément libre ; que tout homme d'une façon générale se sente libre c'est un fait de conscience que l'on ne peut guère nier, mais il n'est pas toujours démontré que ce fait de conscience surgisse en nous forcément et nette-ment en face d'un acte déterminé. Il y a des faits spontanés, distinctifs, impulsifs, des manifesta-tions extérieures qui se produisent sans que l'idée d'agir autrement nous soit venue, l'idée d'un con-traire n'apparaît pas toujours. C'est un peu le cas de tous les passionnés, des natures ardentes ; la liberté peut donc être une capacité virtuelle de notre nature sans qu'elle se présente pour chaque particulier comme une force qui donne l'impulsion finale. Tout acte voulu n'est donc pas forcément un acte libre.

De même la pratique pénale ne voulut plus admettre d'une façon absolue que tout acte libre provient de la même somme de liberté, qu'il n'y a pas de demi-liberté. Envisagée au point de vue pénal, la liberté n'est que la force de résistance au mal et cependant on ne peut pas prétendre qu'elle soit la même chez chacun de nous, identique pour le même individu à chaque moment de sa vie et pour chacune de ses actions ? Ne dépend elle pas de bien des choses ? De la santé, de l'état pathologique, du caractère, de l'habitude par exemple ? La volonté n'est-elle pas sujette à de véritables maladies qui la paralysent. Aussi le système de détermination abstraite et invariable des peines et de responsabilité présumée sur lequel reposaient les Codes de 1791 et de 1810, parut trop absolu. La pratique pénale n'admit plus que l'on plaçat tous les crimes sur la même ligne, et que la responsabilité de chacun fut identique en face d'un même fait. La justice exigeait que la peine fut proportionnée à la gravité objective du fait ainsi qu'au degré de liberté, de responsabilité de l'agent. Faute de pouvoir tenir compte de toutes ces considérations, on acquittait. Le Code pénal de 1810, avec des peines variables entre deux limites fixes

avait déjà permis de proportionner la peine à ce
degré de liberté, ainsi qu'à la réalité objective du
fait ; mais c'est surtout sous l'influence du jury
que les nouvelles idées pénétrèrent dans la législation. Le jury ne pouvait se soumettre aux subti-
lités de nos présomptions juridiques. On lui disait
que pour tout homme, en face d'un même crime,
la responsabilité était égale, et que par suite la
peine devait être égale. Mais le jury avait devant
lui un homme qui se défendait en mettant à nu
toutes les circonstances de sa vie, tous les entraî-
nements qu'il avait subis, tous les affolements
qui avaient pu l'aveugler et le jury voyait bien, en
dehors de la folie, qu'il pouvait y avoir des degrés
dans la liberté et par suite dans la responsabilité.
Faute de pouvoir doser en quelque sorte la responsabilité puisque la loi ne lui permettait pas, il
acquittait purement et simplement. Aussi pour
donner satisfaction aux tendances du jury on
introduisit un système de circonstances atténuantes au moyen duquel il put désormais mesurer la peine à la valeur morale exacte de l'acte
accompli.

Le Code pénal présumait que tout homme adulte
était sain d'esprit, cette règle générale ne recevait
d'exception qu'en présence d'une maladie mentale
bien caractérisée ; en dehors des cas de démence
et des cas d'idiotie et d'inconscience qui lui étaient
similaires, on n'avait pas à plaider l'irresponsabi-
lité, simple question d'expertise médicale et non
d'appréciation psychologique. Désormais avec la

théorie des circonstances atténuantes l'irrespon-
sabilité ne dépend plus d'un état pathologique,
mais d'un défaut de liberté, tout accusé peut être
admis à prouver même en dehors des cas de
démence proprement dits, le plus ou moins de
liberté de l'acte qu'il a commis. C'est la consécra-
tion légale de la théorie, de la responsabilité atténuée ou partielle.

L'extrême élasticité du nouveau système permet ainsi au juge d'appliquer dans chaque procès,
une peine variable suivant les circonstances matérielles de l'infraction et selon les degrés de la
responsabilité de chaque individu, de tenir compte
en un mot des nuances variées de la culpabilité
individuelle lesquelles échappent aux prévisions
du législateur.

« Sous ce rapport, l'institution, ou du moins
quelque chose d'analogue, conduisant au même
résultat, dit M. Ortolan, est indispensable dans
toute législation positive bien faite (1) ».

Mais historiquement, les circonstances atténuantes répondent encore à un autre besoin du
législateur de 1832. Le bénéfice des circonstances
atténuantes a été présenté, dans l'exposé des motifs, par le Gouvernement, dans les rapports des
Commissions législatives et dans le cours de la
discussion comme un moyen de suppléer à l'im-
possibilité dans laquelle on se trouvait alors, de
tenter une modification de la législation crimi-

______

(1) Ortolan. *Éléments de droit pénal.* Tome I⁵ʳ, n° 1123.

nelle, comme une ressource pour étendre à toutes les matières la possibilité d'adoucir les rigueurs de la loi autrement que par une revision des moindres détails, comme un expédient à éluder de très graves difficultés par lequel on résoudrait dans la pratique les plus fortes objections contre la peine de mort, la récidive, la complicité, la tentative, en un mot, comme une sorte de remède général aux imperfections de notre droit primitif.

Le juge ou le jury peut se dire : en réalité, il n'y a dans le délit, au profit de telle personne, aucun fait atténuant, mais en droit, suivant mon appréciation consciencieuse, la disposition de la loi pénale est trop rigoureuse, j'estime qu'elle a besoin d'être adoucie, je n'admets pas la peine de mort, ou telle autre raison semblable, et, en conséquence, je déclare un mensonge, savoir : qu'il existe des circonstances atténuantes, quoiqu'il n'en existe pas, ou bien, si l'on veut, la circonstance atténuante c'est la nécessité, suivant moi, de corriger la loi.

Les circonstances atténuantes apparaissent ainsi comme atténuantes de la gravité matérielle de l'infraction, de la culpabilité de l'agent et de la peine proprement dite.

Enfin, tel qu'il existe dans notre législation, le système des circonstances atténuantes, donnant une large part à la considération de l'individu, est un premier pas vers les théories modernes qui tendent à l'individualisation de la peine, c'est-à-dire à appliquer des peines différentes, suivant les délinquants, à adapter, en un mot, la peine à l'individu (1). Jusqu'à l'apparition de ce système, comme nous l'avons déjà indiqué, l'individu était considéré comme un type absolu, identique, la pénalité se mesurait exactement d'après la gravité objective du délit et la commotion ressentie ; la vision du crime absorbait celle du criminel ; aussi une telle théorie aboutissait-elle à une classification de délits et de peines correspondantes ; désormais, avec le système des circonstances atténuantes, on ne voit plus seulement que le crime, le criminel va passer au premier plan, la tendance de la législation sera d'arriver à une classification de criminels ; le point de vue de la pénalité change : jusqu'alors la peine était proportionnée à sa cause, c'est-à-dire au fait passé, sans qu'on s'occupât des effets qu'elle produirait dans l'avenir ; aussi n'engendrait-elle que des récidivistes ; maintenant, elle doit avoir un but, qui est de faire du criminel un honnête homme, si la chose est encore possible, ou le mettre hors d'état de nuire.

Nous allons indiquer dans ses grandes lignes l'évolution du droit pénal dans le sens de l'individualisation de la peine à laquelle cette théorie des circonstances atténuantes contribue, elle aussi.

Dans l'ancien droit et sous la Révolution, le

---

(1) Saleilles. *Individualisation de la peine,* p. 13.

crime politique étant considéré comme le plus grave au point de vue général, on devait être sans pitié parce qu'il touchait directement à l'État toute considération individuelle s'effaçait devant la gravité matérielle de ce crime, auquel les peines les plus rigoureuses étaient réservées ; avec le Code pénal de 1810, une idée nouvelle commence à se faire jour : celui qui commet un crime politique est plutôt un adversaire politique qu'un malhonnête homme ; l'État a le droit de se défendre contre lui et de lui infliger une peine, mais cette peine ne ressemblera pas aux peines de droit commun, elle visera à l'intimider, plutôt qu'à le réformer, car ce serait prétendre à une conversion politique.

Aussi, le législateur de 1810 réserva la déportation et le bannissement aux matières politiques, le législateur de 1832 créa une nouvelle peine politique, la détention ; en 1848, la peine de mort fut abolie pour les crimes politiques et remplacée par la déportation dans une enceinte fortifiée (loi du 8 juin 1850). Ces dispositions ont ainsi séparé en deux échelles distinctes, les peines criminelles : peines de droit commun et peines politiques, et placé sur une ligne différente le délinquant ordinaire et le criminel politique.

C'est encore la considération de l'individu qui inspira la loi sur la relégation des incorrigibles en 1885. On a reconnu qu'il y avait parmi les criminels une classe absolument réfractaire, criminels nés ou criminels de formation ultérieure, qui semblent s'être fait du crime ou du délit une véritable profession. Ils se sont montrés pervers, ne voulant pas vivre avec la société, on en débarrassera la métropole en les internant, après 2, 3, 4, 7 condamnations, selon les cas, dans une colonie ou possession française. Pour prononcer la relégation, la loi envisage plutôt la nature perverse et incorrigible des délinquants, démontrée par le nombre des condamnations encourues, que les faits délictueux ayant tous eu leur sanction.

La loi Bérenger de 1891 consacre un des derniers essais législatifs de cette orientation du droit pénal vers l'individualisation de la peine ; admettant que la meilleure justice est celle qui sauve les gens, elle supprime la peine, du moins dans son exécution matérielle, pour toute une catégorie d'individus présentant de l'intérêt, les délinquants primaires, et cela dans le but de prévenir la récidive. Sans tracer aucune règle, ni distinguer suivant la gravité de l'infraction, le législateur a donné pleins pouvoirs aux magistrats de sauver ceux qui comparaissent devant eux pour la première fois, pourvu qu'il s'agisse néanmoins d'un emprisonnement correctionnel, de quelque durée qu'il soit.

On voit donc que la législation actuelle s'occupe de plus en plus du point de vue individuel et aboutit à une classification de criminels : elle distingue les délinquants sans criminalité propre, auxquels elle réserve des peines de pure intimidation, les peines politiques ; les incorrigibles soumis à la relégation et la classe des amendables parmi lesquels elle considère avec bienveillance les délinquants primaires. Elle pratique donc et applique dans une large mesure l'individualisation de la peine, c'est-à-dire l'adaptation de la peine au criminel. S'écartant de ces théories abstraites qui mesuraient exactement la peine à la gravité matérielle du crime et qui frappaient à l'aveugle l'incorrigible, le perverti, le demi-coupable, le fourvoyé d'un instant, ce qui déterminait son enrôlement dans l'armée du crime ; elle cherche à relever, à corriger le coupable, tout en préservant la société de la récidive.

Ces innovations législatives n'ont pas paru suffisantes à certains esprits qui ont voulu de plus en plus augmenter les pouvoirs du juge afin de lui permettre de mieux adapter la peine à l'individu.

Après avoir constaté que toute une classe de crimes, les crimes passionnels, avaient les sympathies du jury, qui, dans ces hypothèses, oubliait le fait commis pour ne voir que le sentiment passionné, irrésistible, d'où le crime était issu, et souvent acquittait, redoutant ainsi d'appliquer une peine trop sévère, on proposa d'augmenter son pouvoir d'atténuation en lui permettant de déclarer des circonstances très atténuantes. De cette façon, la durée de la peine criminelle aurait été diminuée et réduite aux dispositions de l'article 401 Code pénal, sans qu'elle put être élevée au-dessus de deux ans, ni abaissée au-dessous de trois mois d'emprisonnement (1).

D'autre part, comme remède à ces mêmes crimes, on a voulu remettre aux mains du juge plusieurs catégories de peines différentes par leur régime et leur caractère, telles que la détention et l'emprisonnement par exemple, en sorte que le juge aurait eu, pour un fait quelconque, deux peine de catégories diverses à appliquer suivant le mobile auquel aurait obéi l'agent. Il y aurait eu ainsi des peines différentes pour ceux dont le crime eût été inspiré par des sentiments bas et pervers et pour ceux dont le crime eût été inspiré par des mobiles honorables. C'est la théorie des peines parallèles, des peines honorantes et déshonorantes (2). Enfin, poussant jusque dans ses dernières limites la théorie de l'amendement et de la régénération morale du condamné, on a proposé de mettre le délinquant à la disposition de l'administration pénitentiaire jusqu'à sa complète correction, son retour définitif à une vie meilleure. Le rôle du juge se bornerait désormais à constater la culpabilité et à fixer la nature de la peine ; l'administration en déterminerait la durée. Cette suppression de la fixation judiciaire de la durée préfixe de la peine a reçu le nom de sys-

---

(1) *Infra*, chapitre. — G. Leloir. *France judiciaire*, année 1887, p. 66 et suiv , tome XI.

(2) Garçon. *Revue pénitentiaire*, année 1896, p. 830. — Rigaud. *De l'influence du motif*, thèse 1898.

tème des *sentences indéterminées*. Cette théorie
est mise en pratique en Amérique, dans l'Etablis-
sement d'Elmira (Etat de New-York), depuis 1876 ;
dans les *réformatories* de Concord (Massachus-
sets), 1884 et d'Huntingdon (Pensylvanie), 18s7.
Les délinquants placés dans ces établissements,
surveillés par un personnel d'élite, et soumis à
des régimes qui leur sont spécialement appro-
priés, ne sont remis en liberté qu'après certains
efforts moraux constatés (1). Quoi qu'il en soit,
cette évolution du droit pénal nous montre que la
considération de l'individu devient de plus en
plus grande dans la fixation de la pénalité. On
oublie de plus en plus le fait commis pour n'en-
visager que le criminel ; on a établi ainsi une
distinction entre les délinquants politiques et les
condamnés de droit commun ; entre les primaires
et les autres ; on a proposé pour les amendables,
d'ingénieux systèmes qui permettent à l'administration pénitentiaire de se rendre compte, par de
continuelles observations, des progrès de l'amendement individuel et de les récompenser par une
libération conditionnelle ou définitive ; enfin on
a créé une mesure spéciale contre les incorrigibles, la relégation. La théorie des circonstances
atténuantes, donnant au juge pleins pouvoirs de

---

(1) Frédéric Lévy. *Des sentences indéterminees.* — Saleilles, chapitre VIII.
— *Revue pénitentiaire*, mai 1899.

prendre en considération toutes les nuances de la culpabilité individuelle et de proportionner la peine en conséquence, a sa place marquée dans cette évolution. C'est ce qu'il était peut-être utile de constater avant d'aborder l'examen détaillé de cette théorie.

CHAPITRE II

**Définition. — Caractère des circonstances atté-
nuantes dans la législation Française. — Comparaison avec les excuses atténuantes.**

Les circonstances atténuantes répondant à l'occasion de chaque affaire criminelle, à des détails,
à des nuances, à des spécialités que le législateur
ne peut prévoir, ni régler d'avance, n'ont pas été
déterminées et définies par la loi de 1832. Elles
sont au contraire laissées à l'appréciation souveraine du juge qui possède ainsi la faculté de les
rechercher partout où elles sont : dans les faits
qui modifient la culpabilité, comme dans ceux qui
lui sont étrangers ; dans les circonstances qui
ont précédé comme dans celles qui ont accompagné ou suivi l'infraction ; dans le peu d'importance de l'objet du délit, les résultats sans gravité
qu'il a amenés, dans la personne de l'agent, dans
les antécédents du coupable, son éducation, le
milieu où il a vécu, le repentir qu'il manifeste ;
enfin, bien mieux, le juge a la possibilité de les
constater même lorsqu'elles n'existent pas, par
cela seul que la pénalité lui paraît excessive.

De cette façon on comprend sous le nom de circonstances atténuantes en droit Pénal Français
toutes ces circonstances relatives soit à la gravité
matérielle de l'infraction, soit à la culpabilité de
l'agent, soit à l'application de la pénalité elle-
même que le législateur n'a pas définies, ni prévues, mais que le juge a toute latitude de constater
et de prendre en considération pour diminuer la
peine encourue (1).

Les circonstances atténuantes non énumérées
et non définies par le législateur se distinguent
ainsi d'autres circonstances qui, se présentant
avec des caractères généraux et permanents ont
été régulièrement prévues et définies par la loi et
entraînent, elles aussi, une diminution de culpabilité et par suite de peine : les excuses atténuantes.

En ce qui concerne ces dernières, l'art. 65 C. P.
indique que nul ne peut être déclaré excusable
que dans les cas où la loi l'a spécialement déclaré
tel ; le cas de violente provocation de l'art. 321, la
minorité art. 66, les cas des art. 324-325. Cette
différence, de nature entre les excuses qui sont
des faits limitativement prévus par la loi et les
circonstances atténuantes qui sont au contraire
laissées à la libre appréciation du juge entraîne

______

(1) Bertauld. *Cours de Code pénal*, 18ᵉ leçon, p. 396, Ch. et F. Hélie.
Théorie du Code pénal, t. VI, nᵒˢ 2684-2686. — Garraud. *Traité théorique et pratique du Droit pénal*, 1ʳᵉ édition, nᵒ 147. — Trébutien. *Cours
élémentaire de Droit criminel*, p. 167. — Villey. *Précis d'un Cours de
Droit criminel*, p. 481.

plusieurs conséquences que nous allons examiner.

D'abord les excuses doivent faire l'objet de questions spéciales à poser au jury. art. 339 Code d'instruction criminelle ; les circonstances atténuantes illimitées échappent à toute question précise ; on ne pourrait à la rigueur interroger le jury que sur leur existence, mais dans notre législation cette existence n'est même pas l'objet d'une question générale posée par écrit. Le président est seulement tenu à peine de nullité d'avertir le jury aux termes de l'art. 341, Code d'instruction criminelle, que s'il pense « à la majorité qu'il existe en faveur d'un ou de plusieurs accusés reconnus coupables des circonstances atténuantes il doit en faire la déclaration en ces termes : A la majorité il y a des circonstances atténuantes en faveur de l'accusé. »

De plus les juges astreints à reconnaître comme faits d'excuses ceux admis comme tels par une disposition formelle de la loi sont obligés d'indiquer dans le jugement la cause d'excuse qui sert de motif d'atténuation à la peine ; la même règle ne régit pas les circonstances atténuantes; les juges n'ont pas à déclarer dans quel ensemble de considérations ils trouvent des circonstances atténuantes. Ils ont un pouvoir souverain pour les constater. Le jury déclare : « A la majorité il existe des circonstances atténuantes »; le juge : « Attendu qu'il existe des circonstances atténuantes. »

Les circonstances atténuantes, de même que

les excuses modifient la peine de l'infraction dans
sa nature, dans sa durée ou sa quotité, mais l'atténuation due aux excuses est plus considérable
que celle dérivant des circonstances atténuantes.
Ainsi par exemple dans un cas de meurtre lorsque les circonstances atténuantes sont appliquées,
la Cour pourra descendre la peine, des travaux
forcés à perpétuité jusqu'à la réclusion, au contraire si l'excuse de provocation est admise la
peine sera réduite non pas de un ou de deux
degrés, mais au lieu d'être criminelle deviendra
correctionnelle.

Enfin une dernière différence entre les excuses
atténuantes et les circonstances atténuantes est
à signaler. Les excuses modifiant la *culpabilité
légale*, puisqu'elles sont prévues par la loi, peuvent transformer la nature de l'infraction, changer le crime en délit par exemple. Les circonstances atténuantes n'étant pas définies et limitées
par la loi n'ont d'effet que sur la *culpabilité individuelle* et conservent à l'infraction sa nature et
sa qualification juridique. Pour soutenir, en effet,
que l'excuse atténuante, dont l'effet en matière de
crime, est de substituer à la peine criminelle une
peine correctionnelle, en transformant la nature
de la peine, change la nature de l'infraction et fait
dégénérer le crime en délit, on invoque l'article 1er
du Code pénal qui définit « le délit »; toute infraction « que les lois punissent de peines correctionnelles. » Or, dans le cas de provocation, comme
dans celui de minorité, c'est bien la loi qui]pro-

nonce directement une peine correctionnelle contre le meurtre ou les coups et blessures qui ont été provoqués dans les conditions qu'elle prévoit ou contre le crime commis par un mineur de seize ans. On tire, de plus, une seconde raison de l'analogie évidente entre les circonstances aggravantes et les excuses : les premières aggravent la peine comme les secondes l'atténuent, en vertu d'une appréciation légale, et si le résultat d'une circonstance aggravante est de rendre l'infraction punissable d'une peine criminelle, de changer le délit en crime alors que dépouillé de cette circonstance le fait n'est puni que d'une peine correctionnelle, pourquoi le crime ne deviendrait-il pas délit, quand le résultat d'une excuse est de substituer une peine correctionnelle à la peine criminelle dont le fait excusé serait passible.

Mais dit-on (1) l'excuse n'a trait qu'à la criminalité subjective ; la gravité sociale du fait, la criminalité objective reste la même et de ce que l'excuse modifie la nature de la peine parce que l'agent qui peut l'invoquer est moins coupable qu'un autre, on ne saurait légitimement conclure qu'elle métamorphose le caractère de l'infraction.

Nous répondrons avec M. Garraud : ce raisonnement repose sur une équivoque ; car, enfin, la qualité de domestique, chez l'auteur d'un vol ne modifie pas davantage la criminalité objective du vol que le rôle de provoqué ne modifie la crimi-

____

(1) Villey. *Précis*, p. 479.

nalité objective du meurtre? Ce qui est vrai c'est que toute infraction se compose de deux élements : la matérialité du fait et la moralité de l'agent. Or, les circonstances qui se rattachent à tous ces éléments et à raison desquelles la loi elle-même modifie la peine de l'infraction, doivent avoir le même effet dans une législation qui qualifie l'infraction crime ou délit d'après la peine légale dont elle est passible. La nature de la peine en matière d'excuse atténuante transforme donc la nature de l'infraction (1).

La Cour de cassation en décidant que l'admission de l'excuse de provocation n'influe pas sur la durée de la prescription reconnaît ainsi qu'en transformant la nature de la peine, l'excuse n'a pas changé la nature de l'infraction (2). Par contre, elle semble admettre que l'excuse de minorité réduit le crime en délit lorsqu'elle déclare que la prescription de l'action publique applicable à un mineur justiciable des Tribunaux correctionnels est celle de trois ans. D'après elle, le mineur étant justiciable des Tribunaux correctionnels, la peine étant de ce fait correctionnelle et l'article Ier du Code pénal désignant sous le nom de délit, les infractions punies de peines correctionnelles, le

---

(1) Garraud. *Traité de Droit pénal français*, t. II, n° 143. — Boitard, 14° leçon, n° 154. — Ortolan. Tome II, n° 1856. — *En sens contraire*, Villey. p. 470. — Bertauld. 17° leçon, p. 391.

(2) 17 janvier 1833, S. (33, 1. 413). — Rouen, 11 juillet 1884, S. (85, 2. 79), 7 avril 1887 D. (88, 1. 41).

mineur a commis un délit soumis à la prescription de trois ans.

Cependant une évolution semble se dessiner dans un arrêt récent de la Cour de cassation, 9 juillet 1891, elle décide que si le mineur commet une infraction qualifiée crime, de la compétence de la cour d'assises, l'infraction serait un crime. Ainsi, un changement de juridiction entraînerait pour un mineur un changement dans la nature de l'infraction, et la prescription de l'action publique pour les crimes commis par les mineurs pourrait varier de dix ans à trois ans, suivant que le mineur ayant ou non des complices, serait passible de la cour d'assises ou du tribunal correctionnel (1).

En ce qui concerne les circonstances atténuantes, la modification de peine n'entraîne pas un changement dans la nature de l'infraction. Sans doute elles ont souvent pour effet de substituer une peine correctionnelle à une peine criminelle; mais cette transformation de peine n'est pas l'œuvre directe de la loi, elle est l'œuvre du juge : c'est à la suite, en effet, de l'appréciation souveraine par le juge de certaines circonstances non prévues par la loi que tel crime n'est plus puni que d'une peine correctionnelle, or l'article 1er du Code pénal classe les infractions d'après la peine appliquée par la loi et non d'après celle que

____

(1) Cass., 25 août 1864, S. (65, 1, 101) ; 16 décembre 1869, S. (70, 1, 230) ; 12 août 1880, S. (81, 1, 385) : 9 juillet 1891, (S. 91, 1, 432).

le juge peut prononcer ; les circonstances atténuantes ne peuvent donc changer la qualification
légale du fait incriminé. Ce point est constant en
jurisprudence française et en doctrine ; il a été
souvent décidé, par exemple, que la déclaration
de circonstances atténuantes ne pouvait avoir
aucun effet sur la durée de la prescription (1).

La jurisprudence belge est d'un avis tout à fait
contraire ; elle est du reste conforme à la doctrine
de la plupart des criminalités belges. D'après
Hauss, la déclaration de circonstances atténuantes, rétroagissant en faveur de l'accusé ou
du prévenu, la peine applicable au fait, d'après
les circonstances, doit être établie par la loi qui
autorise le juge à la prononcer et qui l'aurait
édictée elle-même, si elle pouvait prévoir toutes
les modalités de l'infraction qu'elle réprime. Ces
raisons ne paraissent pas suffisantes, le Code
pénal, article 1er, a classé les infractions d'après
la peine normale que le délit entraîne après lui,
s'il en était autrement le ministère public ne
serait jamais sûr, au moment où il poursuit, s'il
est en droit de le faire (2). Il résulte de ces considérations, qu'à l'encontre des excuses atténantes

---

(1) Cass., 18 avril 1835. — Limoges, 23 février 1839, S. (39, 2, 578). —
Cass., 30 mai 1839 (*Journal du Palais*, 1843, 2, 298) ; 30 mars 1863, D. (63,
1, 35). — Villey. *Précis d'un cours de Droit criminel*, p. 484. — Garraud,
p. 237. — Berthauld. *Cours de Code pénal*, p. 400. — Bernard. *Revue critique de législation*, 1862, p. 337-338. — Ortolan, tome II, n° 1856.

(2) Cass. belge, 1er octobre, 27 juin, 18 juillet 1881, S. (83, 4, 1) ; 18 février
1884, S. (85, 4, 22). — Hauss, *Principes généraux du Droit pénal belge*,
tome II, n°s 1330-1331.

qui sont des faits prévus par la loi et motivés par le juge, les circonstances atténuantes ne sont l'objet, dans notre législation, d'aucune détermination, soit légale, soit judiciaire.

CHAPITRE III

Admission des circonstances atténuantes

Nous rechercherons en trois sections spéciales de ce chapitre, les règles relatives à l'application des circonstances atténuantes en matière criminelle ou de simple police.

SECTION I

Admission des circonstances atténuantes
en matière criminelle.

La loi de 1824 avait limité à certains crimes déterminés le bénéfice des circonstances atténuantes, lors de la révision du Code en 1832, cette faveur fut étendue à toutes les peines *prononcées par la loi*. Le premier paragraphe de l'article 463 est ainsi conçu : « Les peines prononcées par la « loi contre celui ou ceux des accusés reconnus « coupables, en faveur de qui le jury aura déclaré « des circonstances atténuantes, seront modifiées « ainsi qu'il suit. »

Cette disposition s'applique d'abord à tous les crimes, à toutes les peines criminelles prononcées par le Code pénal. Quelques Cours avaient demandé qu'on exceptât de ce bénéfice les peines infligées à certains crimes atroces, tels que le parricide, l'assassinat, l'empoisonnement. La Commission a rejeté ces exceptions. « Elle a pensé, dit le rapporteur, qu'il n'y avait pas de crime, dont, dans des circonstances rares sans doute, l'atrocité ne put être atténuée par l'entraînement de la passion, la légitimité de la vengeance, la violence de la provocation morale ou d'incompréhensibles égarements de raison. Elle n'a pas voulu que dans ces circonstances où un intérêt puissant s'attacherait à un accusé dont la vie serait menacée, le jury fût condamné à ne rien accorder à cet intérêt ; elle a craint que, forcé par la loi à taire une partie de sa conviction, il ne la dissimulât toute entière et ne s'affranchît par l'impunité d'une tâche rendue trop pénible (1).

Un amendement spécial, présenté par M. Gaillard de Kerberlin et faisant exception pour le parricide, fut rejeté, parce que, dit un orateur, « ce crime, par son atrocité, inspire un tel degré d'horreur qu'il n'y a pas à craindre pour lui l'indulgence, qui, quelquefois s'attache aux simples fautes ».

L'extrême généralité du paragraphe Ier de l'ar-

---

(1) Rapport Dumon à la Chambre des députés. *Archives parlementaires.* — Laurent et Mavidal, tome LXXI, p. 477,

ticle 463 permet ensuite d'accorder les circonstances atténuantes à tous les crimes prévus et
punis par des lois spéciales. *La loi*, c'est l'ensemble de la législation, et l'article 341 du Code
d'Instruction criminelle autorise le jury à déclarer
les circonstances atténuantes « en toute matière
criminelle », sans distinction entre la qualité des
accusés et la nature des crimes. La Cour de cassation s'est rangée à différentes reprises à cette
interprétation, notamment dans un arrêt du
27 septembre 1832 (1). L'accusé était traduit en
cour d'assises pour crime de provocation à la
désertion, crime prévu et réprimé par une loi du
4 nivôse an IV antérieure au Code, le jury l'avait
reconnu coupable avec des circonstances atténuantes, mais la cour d'assises avait décidé que
l'article 463 « ne peut être appliqué que dans les
matières prévues par le Code, à moins de dispositions expresses placées dans une autre loi et
qui déclarent cet article applicable ; qu'il s'agit de
l'application d'une loi spéciale, celle du 4 nivôse
an IV, qui n'a reçu aucune modification par les
dispositions du Code pénal ; qu'en effet ce Code,
dans son article 484, dispose qu'il n'est point
dérogé aux matières réglées par les lois et règle-
ménts particuliers que les cours et les tribunaux
continueront d'observer ; que la Cour ne doit donc
avoir aucun égard à la partie de la déclaration du
jury portant qu'il existe des circonstances atté-

---

(1) Cass., 27 septembre 1832, S. (1833, 1, 190).

nuantes en faveur de l'accusé. » Mais cette décision fut réformée par la Cour de cassation. « Attendu que les dispositions de l'article 463 sont aussi indéfinies qu'absolues, que par la généralité de ses expressions, il embrasse nécessairement toutes les peines prononcées par une loi quelconque contre l'accusé reconnu coupable d'un crime, en faveur duquel le jury a déclaré des circonstances atténuantes ; qu'en effet, lorsque dans le même article on a voulu appliquer l'échelle de réduction aux seules peines prononcées par le Code pénal lui-même, le législateur s'en est expliqué formellement au dernier paragraphe du même article ; que l'article 484 se borne à maintenir les dispositions pénales sans lesquelles des lois spéciales et des règlements particuliers, quoique non renouvelés par le Code pénal dans des matières qui n'ont pas été réglées par le Code même, resteraient sans exécution, que cet article n'a pu avoir pour objet d'apporter aucune restriction à l'article 463, dont les dispositions générales s'appliquent non seulement à tous les crimes prévus par le Code pénal, mais encore à ceux que punit toute autre loi non abrogée. » Les circonstances atténuantes peuvent être aussi prononcées en faveur de crimes punis par des lois postérieures au Code pénal, c'est ainsi que, par un arrêt du 6 novembre 1862 (1), la Cour de cassation s'est prononcée en ce sens et en invoquant les mêmes

----

(1) Cass., 6 novembre 1862, S. (1863, 1, 219).

motifs, à l'occasion du crime de baraterie réprimé par la loi du 20 avril 1825 et le décret du 24 mars 1852.

Il résulte donc de ces considérations que tous les crimes, prévus par le Code ou une loi indépendante de ce Code, soumis à la cour d'assises et au jury peuvent bénéficier d'une déclaration de circonstances atténuantes (1). Cependant le Code pénal colonial n'autorise les circonstances atténuantes qu'en ce qui concerne les crimes prévus par *ledit Code* et non par des lois spéciales. Aussi a-t-il été jugé qu'une cour d'assises coloniale ne peut accorder les circonstances atténuantes lorsque le crime sur lequel elle est appelée à statuer est puni par une loi spéciale, qui n'a pas prévu les circonstances atténuantes, par exemple pour le crime de vol puni par l'article 93 du décret du 24 mars 1812 sur la marine marchande. (Cass., 10 mars 1876, D. [77, 1, 464]). Mais dans notre législation, tous les crimes ne sont pas forcément de la compétence de la cour d'assises, certains sont réservés à des juridictions exceptionnelles, telles que les conseils de guerre, le Sénat; aussi est-il utile d'examiner si l'article 463 est applicable dans ces cas.

Aussitôt la promulgation de la loi de 1832, des difficultés se présentèrent au sujet des conseils

---

(1) Ortolan, tome I, n° 1121. — Chauveau et F. Hélie, tome VI, n° 2688. — Villey, p. 485. — Blanche. *Etudes pratiques sur le Code pénal*, n° 672. — Trébutien, p. 168.

de guerre régis par la loi du 13 brumaire an V, qui avaient à réprimer les infractions tantôt de droit commun, tantôt militaires, commis par des militaires. Dans le cas de crime de droit commun, il paraissait bien difficile de leur refuser le droit d'accorder les circonstances atténuantes, de graduer les peines suivant les règles du Code dont ils empruntaient la pénalité. L'article 463 ne contenait-il pas, en effet, un grand principe d'atténuation confié à la sagesse du juge et au moyen duquel le législateur avait remédié à une révision minutieuse du Code? Fallait-il écarter du bénéfice de cet article les mêmes peines, uniquement parce qu'elles étaient prononcées par d'autres juridictions que la cour d'assises et parce que le jury avait seul le pouvoir de déclarer les circonstances atténuantes en matière de crimes? On pouvait répondre que la loi n'avait prévu que le cas le plus fréquent; et que les juges militaires étaient à la fois juges et jurés. Les conseils de révision avaient même reconnu comme applicables aux crimes militaires les articles de la loi du 28 avril 1832, relatifs aux circonstances atténuantes. Mais le garde des sceaux déféra, en 1833, à la Cour de cassation, dans l'intérêt de la loi, trois décisions des conseils de révision permettant d'appliquer l'article 463 aux crimes purement militaires. Malgré les conclusions favorables de M. le procureur général Dupin, qui reconnaissait dans l'article 463 un grand principe de législation criminelle planant sur toutes les juridictions, et qui invoquait l'article 20 de la loi du 2ᵉ jour complémentaire de l'an III, permettant d'accorder des circonstances atténuantes à certains délits militaires, la Cour de cassation annula les sentences des conseils de révision (1). L'arrêt s'inspirait de ces considérations : que le système des circonstances atténuantes exige une échelle proportionnelle de réduction de peines, qui n'existait pas dans la loi militaire et que la réforme de 1832, modifiant seulement les dispositions du Code pénal et du Code d'Instruction criminelle, avait été sans influence sur la législation militaire. L'article 5 du Code pénal déclarait, en effet, que les dispositions de ce Code ne s'appliquaient pas aux contraventions, délits et crimes militaires ; et de plus, en vertu de l'article 463, les circonstances atténuantes n'étant pas admises pour les simples délits militaires, elles ne pouvaient l'être davantage pour les crimes militaires. Cette théorie fut admise par MM. Chauveau et F. Hélie (2).

Quoi qu'il en soit, la question a été tranchée par les lois du 9 juin 1857 (Code de justice militaire) et du 4 juin 1858 (Code de l'armée de mer). Aux termes de ces lois, si les Tribunaux militaires ou maritimes ont à statuer sur des crimes ou délits prévus ou punis par les lois militaires ou maritimes et commis par des individus appar-

---

(1) Cass., 2 mars 1843, S. (33, 1, 189).

(2) Chauveau et F. Hélie. *Théorie du Code pénal,* tome VI, n° 2600, 6ᵉ édition.

tenant aux armées de terre et de mer, ils ne pourront accorder les circonstances atténuantes que dans les cas spécialement déterminés par la loi militaire (art. 248, 250 à 252, 254, 255, 257, 261, 263, 265 du Code de justice militaire et art. 331, 335 à 337, 343, 344 du Code de l'armée de mer) et les peines ne seront atténuées que dans les limites fixées par ces articles. Les infractions prévues par le Code de justice militaire sont ainsi, au point de vue des circonstances atténuantes, divisées en deux catégories ; l'une comprend celles qui portent atteinte aux devoirs militaires et pour lesquelles on n'a pas admis l'application de l'art. 463 du Code pénal, comme la capitulation de place, la capitulation en rase campagne, (art. 204 à 246), l'autre embrasse certains faits qui ne touchent pas essentiellement à la discipline militaire, et pour chacun desquels l'art. 463 est applicable. (Art. 248 à 266).

Si ces Tribunaux ont, au contraire, à juger des individus appartenant aux armées de terre ou de mer qui se sont rendus coupables de crimes ou délits de droit commun, c'est-à-dire réprimés par le Code pénal, ils appliquent aux termes des articles 267 du Code de justice militaire et 364 de justice maritime les peines édictées par les lois ordinaires, et peuvent les modérer conformément à l'article 463.

Enfin, si des individus non militaires et non assimilés aux militaires sont déférés en vertu de l'article 198 du Code de justice militaire (1) et 256 du Code de justice maritime aux Tribunaux militaires ou maritimes, soit pour des crimes ou délits de droit commun, par suite d'un état de siège, soit pour des crimes et délits punis par les lois militaires dans les cas spéciaux des art. 63, 64, 68, 76 à 79, le conseil pourra leur faire application de l'article 463 du Code pénal. Le texte de l'article 198 du Code de justice militaire donne donc au conseil de guerre le droit d'accorder les circonstances atténuantes aux non militaires poursuivis pour crimes militaires ; par un raisonnement a contrario, il semblait en refuser le bénéfice aux non militaires poursuivis pour crimes ou délits militaires devant les Tribunaux ordinaires; aussi les rédacteurs de l'art. 256 du Code de justice maritime ont-ils dissipé cette anomalie en attribuant cette faculté aux Tribunaux ordinaires (2). L'article 256 est le commentaire légal de l'article 198. C'est ainsi qu'une circulaire du Garde des Sceaux du 10 août 1858 a résolu en pratique la question.

De même l'article 267 du Code de justice militaire doit être interprété par l'article 364 du Code de

---

(1) Art. 198. Lorsque des individus non militaires ou non assimilés aux militaires sont traduits devant un conseil de guerre, ce conseil peut leur faire application de l'article 463 du Code pénal ordinaire.

(2) Art. 256. Lorsque des individus n'appartenant ni à l'armée de terre, ni à l'armée de mer sont traduits, soit devant un Tribunal de la marine, soit devant les Tribunaux ordinaires pour des faits prévus par le présent Code, il peut être fait application de l'article 463 du Code ordinaire.

Jugé en ce sens : Crim. cass. 10 avril 1862, D. (62, 1 400). Lyon, 9 mars 1869, D. (69, 2.80-81). Colmar, 20 mars 1860, D. (61, 5,354).

justice maritime. L'art. 267 (1) admet l'application des circonstances atténuantes pour les crimes et délits non prévus par le Code militaire, ce qui semble comprendre, même les délits prévus par des lois spéciales qui gardent le silence sur les circonstances atténuantes. L'article 364 du Code de justice maritime (2) conçu en termes plus restrictifs n'admet l'application des circonstances atténuantes que dans les cas où les lois autorisent leur admission.

Il peut arriver aussi que des militaires soient poursuivis devant la Cour d'assises pour des crimes de droit commun ou des crimes militaires prévus par une loi militaire, il en sera ainsi lorsque le militaire aura des complices non militaires; la règle générale étant que le civil attire le militaire (art. 76 du Code militaire, art. 103 du Code maritime) (sauf les exceptions édictées par les art. 77 à 79 du Code militaire et art. 104 du Code maritime). Pour les crimes de droit commun l'article 463 s'appliquera sans difficulté aux militaires, mais pour les crimes militaires qui lui seront soumis, le jury n'aura le droit de déclarer les cir-

---

(1) Art. 267, justice militaire. Les Tribunaux militaires appliquent les peines portées par les lois pénales ordinaires à tous les crimes et délits non prévus par le présent Code et dans ce cas, s'il existe des circonstances atténuantes il est fait application aux militaires de l'article 463 du Code pénal.

(2) Art. 364, justice maritime Les Tribunaux de la marine appliquent les peines portées par les lois pénales ordinaires à tous les crimes ou délits qui ne sont pas prévus par le présent Code et *dans les cas où les lois autorisent l'admission des circonstances atténuantes,* il peut être fait application de l'article 463 de Code pénal.

constances atténuantes qu'autant qu'elles seront autorisées par une disposition spéciale du Code militaire. Depuis les lois de 1857 et de 1858 le principe édicté par les articles 341 du Code d'instruction criminelle et l'art. 463, § Ier, à savoir que tous les crimes soumis au jury étaient susceptibles de circonstances atténuantes à subi une légère restriction.

La loi sur le recrutement des 15-17 juillet 1889 (1) a étendu le système des circonstances atténuantes aux infractions militaires commises par les hommes de la réserve de l'armée active et par ceux de l'armée territoriale ou de sa réserve. L'art. 52 in fine dispose que « des circonstances atténuantes pourront être accordées alors même que le Code de justice militaire n'en prévoit pas, aux hommes de cette catégorie qui n'ayant pas trois mois de présence sous les drapeaux se trouvent dans l'une des positions indiquées aux paragraphes 2 et 3 de cet article », c'est-à-dire lorsqu'ils sont convoqués pour des manœuvres, exercices ou revues ou qu'ils sont placés dans les hôpitaux militaires, ou dans des établissements militaires, etc.

La même loi, art. 79, adoucit la rigueur du Code de justice militaire non plus seulement au profit des réservistes et territoriaux, mais d'une façon générale en faveur de tous les hommes ayant moins de trois mois de présence sous les

______

(1) D. P. (89, 4. 73).

drapeaux. Il peut leur être accordé des circonstances atténuantes alors même que le Code de justice militaire n'en prévoit pas pour tous les crimes et délits militaires énumérés dans le tableau D., annexé à la loi (D. 89, 4. 103). L'art. 80 D. P. (89, 4. 99) détermine la diminution de peine résultant de l'admission des circonstances atténuantes en vertu des articles 52 et 79.

Un projet du Ministre de la guerre déposé en 1899 sur le bureau de la Chambre propose d'appliquer en temps de paix les circonstances atténuantes à toutes les dispositions du Code de justice militaire ; la Commission sénatoriale de l'armée saisie d'une proposition de loi de M. Leydet tendant à ce même but mais restreinte aux articles 221 et 228 du Code militaire, trouvant la question mûre, résolut, d'accord avec le Ministre, de faire de cette proposition un projet spécial pouvant être voté rapidement par le Sénat.

Le rapporteur exposant les motifs à la séance du 8 février 1900 rappelle que le Code de justice militaire de 1857 n'admet les circonstances atténuantes que dans certains cas exceptionnels, d'abord pour tous les faits de droit commun qui sont déférés à la justice militaire et ensuite pour certains délits militaires spécialement prévus par le Code militaire et que ce même Code les refuse en général pour tous les crimes militaires qui portent spécialement atteinte aux devoirs militaires tels que les faits d'insubordination.

Il ajoute que « la raison dominante invoquée

pour les écarter dans ce cas est que le soldat n'a pas une conception suffisamment élevée de la discipline et de ses devoirs. Il est absolument indispensable d'avoir toujours en vue l'intimidation. » Or, ces raisons ont paru plus que contestables à la Commission. Elle a adopté la proposition Leydet, en l'étendant conformément au projet ministériel.

D'abord les circonstances atténuantes ne seront applicables qu'en temps de paix.

Ensuite la Commission distingue suivant que la peine de mort est prononcée avec ou sans dégradation militaire.

Enfin elle juge incompatible avec l'idée que l'on doit se faire de la discipline militaire, la possibilité pour un soldat de racheter par une amende la faute qu'il aurait commise.

Voici le texte voté en première délibération et sans discussion par le Sénat :

Article unique. L'art. 267 du Code de justice militaire sera modifié ainsi qu'il suit :

Les Tribunaux militaires appliquent les peines portées par les lois pénales ordinaires à tous les crimes ou délits non prévus par le présent Code et, dans ce cas, s'il existe des circonstances atténuantes, il est fait application aux militaires de l'art. 463 du Code pénal.

Ils pourront à l'avenir, mais seulement en temps de paix admettre des circonstances atténuantes en faveur des inculpés de crimes ou délits pour lesquels le Code de justice militaire ne les prévoit pas.

Si la peine prononcée par la loi est une de celles énumérées aux articles 7, 8 et 9 du Code pénal, elle sera modifiée ainsi qu'il est spécifié à l'art. 463 dudit Code. Les peines énumérées aux art. 7 et 8 emporteront, nonobstant toute réduction, la dégradation militaire.

Si la peine est celle de la mort, sans dégradation militaire, le conseil de guerre appliquera la peine des travaux publics pour une durée de dix années.

Si la peine est celle de la dégradation militaire, le conseil de guerre appliquera un emprisonnement de trois mois à deux ans et la destitution si le coupable est officier.

Si la peine est celle des travaux publics, le conseil de guerre appliquera un emprisonnement de deux mois à cinq ans.

Dans le cas où la peine de l'emprisonnement est prononcée par le Code de justice militaire, le conseil de guerre est également autorisé à faire application de l'art. 463 du Code pénal sans que toutefois la peine de l'emprisonnement puisse être remplacée par une amende.

Nonobstant toute réduction de peine par suite de l'admission des circonstances atténuantes la peine de la destitution sera toujours appliquée par le conseil de guerre dans le cas où elle est prononcée par le Code de justice militaire.

Sont abrogés l'art. 80 du 15 juillet 1889 sur le

recrutement de l'armée et toutes les dispositions de la loi du 9 juin 1857 contraires aux dispositions du présent Code (1).

Il serait souhaitable que cette réforme prenne place dans le Code de justice militaire ; sans porter atteinte à la rigueur de la discipline, elle permettrait aux juges militaires de proportionner dans une plus large mesure la peine aux nuances de la culpabilité individuelle, et de tenir compte des situations intéressantes qui se présentent.

Le Sénat peut être appelé à se prononcer sur certains crimes. Aux termes des articles 9 de la loi du 26 février et 12 de la loi du 16 juillet 1875, il peut être constitué en Haute-Cour de justice pour juger : 1° le Président de la République accusé de haute trahison ; 2° les ministres pour crimes commis dans l'exercice de leurs fonctions ; 3° toute personne prévenue d'attentat commis contre la sûreté de l'Etat. La loi du 10 avril 1889 trace la procédure à suivre devant le Sénat pour juger toute personne inculpée d'attentats contre la sûreté de l'Etat. En ce qui concerne les circonstances atténuantes, l'article 23 de cette loi édicte que « les dispositions pénales relatives au fait dont l'accusé sera déclaré coupable, combinées s'il y a lieu avec l'article 463 Code pénal, seront appliquées sans qu'il appartienne au Sénat d'y substituer de moindres peines ». Le Sénat peut donc reconnaître des circonstances atté-

---

(1) *Revue pénitentiaire*, 2 février 1900, p. 368.

nuantes, mais il n'a pas hérité de cette espèce de
droit de grâce que la Cour des pairs s'était arrogé
sous le nom de pouvoir modérateur et en vertu
duquel cette Cour, en descendant l'échelle des
peines, ne connaissait pas de limites à son indulgence. « Ce pouvoir modérateur, disait le rapporteur de la loi. M. Morellet, au Sénat, pouvait se
concevoir avant la réforme pénale de 1832, c'était
un moyen de s'affranchir d'un tarif de pénalités
laissant trop peu de place à l'adaptation proportionnelle du châtiment à la faute. Mais depuis que
les circonstances atténuantes étaient venues donner à l'application des peines une élasticité plus
juste et plus humaine, le pouvoir modérateur
avait perdu sa raison sérieuse d'être » (1).

Ajoutons, pour terminer cette section, qu'au
cas où des crimes seraient commis à l'audience
d'une cour d'appel, d'une cour d'assises ou de
la Cour de cassation, ces tribunaux auraient la
faculté d'accorder les circonstances atténuantes,
car les mêmes crimes doivent être soumis à la
même répression, quelle que soit la juridiction à
laquelle ils sont déférés.

SECTION II

*Admission des circonstances atténuantes en
matière correctionnelle.*

Nous avons vu qu'en matière criminelle le jury
était autorisé à modifier par sa déclaration toutes

______

(1) Rapport Morellet. Séance du 11 février 1889. Sénat, annexe n° 36.

les peines *prononcées par la loi;* l'article 463 dans sa dernière partie s'exprime à l'égard des délits d'une manière plus restrictive :

« Dans tous les cas où la peine de l'emprisonnement et celle de l'amende sont prononcées par le Code pénal » ; il reste par conséquent étranger à tous les délits dont la peine est prononcée par une loi spéciale, sauf exception contraire résultant d'une disposition formelle de cette loi (1).

Le législateur de 1832 n'a pas voulu étendre à tous les délits sans distinction ce principe d'atténuation pour ne pas troubler « l'économie de tant de lois diverses, dont chacune a été faite avec un esprit qui lui est propre » (2) et bien plus nombreuses que les lois spéciales punissant certains crimes. Du reste les motifs du législateur sont très bien expliqués par Hauss (3) ! « La plupart des infractions spéciales qui emportent des peines correctionnelles sont des faits que la loi érige en délits, uniquement par des considérations d'utilité sociale (délits positifs de convention sociale). Si les Tribunaux n'abusent pas de la faculté d'atténuation lorsqu'il s'agit de faits réprouvés par la conscience humaine (délits naturels et d'immoralité), il est à craindre qu'ils ne soient trop portés à n'appliquer que des peines minimes quand ils

---

(1) Blanche n° 700. Trébutien p. 168. Villey p. 485. Ortolan, t. I, n° 1119. Ch. et F. Hélie, t. VI, n° 2705.

(2) Garraud, t. II, n° 150.

(3) Hauss. *Principes généraux du Droit pénal belge,* t. II, n° 850.

sont appelés à réprimer les infractions qui ne blessent pas les lois naturelles. L'application générale en matière correctionnelle du système des circonstances atténuantes, système qui permet aux Tribunaux de ne prononcer que des peines de police, aurait pour effet d'affaiblir une répression jugée nécessaire et de jeter la perturbation dans notre législation économique et fiscale. » Cette solution est d'autant plus certaine que, lors de la discussion de la loi de 1832, un amendement, proposant d'étendre le bénéfice de l'art. 463 à tous les délits soumis au Tribunal correctionnel, fut combattu par le Garde des Sceaux, par ce motif qu'il eut été impossible de déterminer les limites de l'innovation et rejeté par la Chambre des députés par cette considération que la plupart des lois pénales étrangères au Code de 1810, ayant été rédigées postérieurement à ce Code, avaient eu en vue l'art. 463 dont elles avaient accordé ou refusé le bénéfice en connaissance de cause.

Il résulte donc que l'art. 463 s'appliquant à toutes les peines prévues par le Code pénal, même au cas de récidive, est étranger à tous les délits dont la peine est prononcée par une loi spéciale, à moins qu'une disposition formelle de cette loi n'en autorise l'admission. La jurisprudence de la Cour de cassation est fixée en ce sens (1).

---

(1) Cass., 24 septembre 1868, S. (70, 1.42), 10 mai 1872 (72, 1. 311). — Agen 1879, S. (80, 2. 328). — Cass., 2 janvier 1885 S. (85, 1.144).

On est d'accord, cependant, pour décider que, si une loi spéciale déclare tel délit qu'elle prévoit, passible d'une peine édictée par le Code pénal et qu'elle reste muette sur l'application de l'article 463, ce délit bénéficie des circonstances atténuantes. Ce n'est pas en somme une pénalité nouvelle que la loi édicte, puisqu'elle se réfère à une peine déjà prononcée par le C. p. ; la règle générale conserve donc toute sa portée. La Cour de Cassation a ainsi jugé qu'un tribunal correctionnel pouvait accorder les circonstances atténuantes au délit de réunion illégale d'un Conseil Général, puni par l'article 34 de la loi du 10 août 1871, de la peine édictée par l'article 258 du C. p. (1). De même, elle a jugé que l'article 463 était applicable à un délit prévu par une loi antérieure au Code, mais dont la peine était rappelée ou modifiée par le C. p. De la sorte, les peines prononcées par le Code civil (au titre V, livre I), contre les officiers de l'Etat-civil, pour des délits relatifs à la tenue des actes concernant le mariage, ayant été rappelées par le Code pénal (art. 192 et suiv.), peuvent être modérées par l'admission de circonstances atténuantes (2). Cependant l'article 463 ne deviendrait pas applicable aux délits prévus par des lois spéciales, alors même que leur pénalité se trouverait aggravée, à raison d'une disposition du Code pénal, soit des articles 57 et 58, soit de l'art.

---

(1) Dalloz (71, 4, 124).
(2) Bastia, 1er octobre 1844. Dalloz, J. G., mariage, 196.

198, la peine encourue est toujours celle de la loi spéciale avec une aggravation (1). Le champ d'application de l'article 463 étant ainsi limité en matière correctionnelle, la plupart des lois spéciales contiennent un article qui en autorise l'admission (2).

Seulement cette admissibilité faisant exception à la règle générale, la disposition de la loi qui l'établissait devait être interprétée restrictivement. Si la loi déclarait les circonstances atténuantes applicables aux délits prévus par elle, le même bénéfice ne pouvait être étendu à d'autres infractions également passibles de peines correctionnelles, mais ayant le caractère des contraventions, c'est-à-dire aux délits contraventions (3). Ainsi, sous l'empire du décret du 11 août 1848, de la loi du 27 juillet 1849, du décret du 17 février 1852, l'introduction ou la distribution d'un journal étranger sans l'au-

---

(1) Villey, p. 485. — Blanche *Etudes pratiques sur le Code pénal.* Tome VI, n° 701.

(2) Loi du 15 avril 1829, *Pêche fluviale*, art. 72. — Loi du 10 avril 1834 sur les *Associations*, art. 2. — Loi du 5 juillet 1844 sur les *Brevets d'invention*, art. 44. — Loi du 15 juillet 1845 sur la *Police des chemins de fer*, art. 26. — Loi du 13 avril 1850 sur l'*Assainissement des logements insalubres*, art. 12. — Loi du 19 décembre 1850 relative au *Délit d'usure*, art. 6. — Loi du 23 mars 1857 sur les *Marques de fabrique et de commerce*, art. 12. — Loi du 24 juillet 1867 sur les *Sociétés*, art. 12. — Loi du 14 février 1872 contre les *Affiliés de l'Association internationale des travailleurs*. L'art. 5 de cette loi décide d'une manière expresse que l'atténuation de l'art. 463 ne pourra s'opérer que sur les peines de l'emprisonnement et de l'amende, excluant ainsi de cette atténuation la privation des droits civils, civiques et de famille, et l'interdiction de séjour.

Loi du 27 janvier 1873 sur l'*Ivresse publique*, art. 9. — Loi du 29 juillet 1881 sur la *Liberté de la presse*, art. 64. — Loi du 30 novembre 1892 sur l'*Exercice de la médecine*, art. 27, etc.

(3) Riom 1850 (D. P ; 52, 2, 71)

torisation voulue, la publication d'un journal,
politique sans le versement d'un cautionnement
étaient considérées comme des contraventions
punies de peines correctionnelles. La jurisprudence précitée leur avait refusé le bénéfice des
circonstances atténuantes en se fondant sur ce
que la loi de 1848, article 8, disait que l'article 463
était applicable « aux délits de presse », la loi de
1849, article 23, « aux délits prévus par la loi ».
Lors de la rédaction de la loi sur la presse du
11 mai 1868, le législateur ne voulut pas ratifier
cette distinction subtile de la jurisprudence entre
les délits proprement dits et les délits contraventions. La contravention est une infraction exclusivement matérielle punie de peine de simple
police, et soumise à la juridiction des juges de
paix, disait le rapporteur, M. Nogent Saint-Lau-
rens. Or les contraventions de la presse sont
punies de peines correctionnelles soumises à la
juridiction correctionnelle, et de plus, la question d'intention est toujours vivante dans cette
nature de contraventions, ce sont de véritables
délits par la pénalité et la juridiction » (1). Aussi
l'article 16 déclare l'article 463 applicable « aux
crimes, délits, contraventions commis par la voie
de la presse ». Le législateur avait fait disparaître
une difficulté pour en laisser naître une autre, la
Cour de cassation jugea que ces mots ne compre-
naient pas les délits commis par d'autres moyens

____

(1) Dalloz, P. (68, 4, 63).

de publicité que la presse, par la parole par exemple. Aussi la loi de 1881 dans son article 66, supprimant toute équivoque déclare l'art. 463 applicable « dans tous les cas prévus par la présente loi. » L'art. 463 s'applique donc aux délits comme aux délits contraventions prévus par cette loi ; d'ailleurs la classe des délits contraventions paraît ne plus exister comme catégorie à part ; un revirement s'est produit dans la jurisprudence qui les range au nombre des délits, en vertu de la définition de l'art. 1er du Code pénal, qualifiant de délit, tout fait passible de peines correctionnelles (1). Le législateur pour éviter des controverses analogues à celles soulevées par les lois sur la presse a adopté dans plusieurs lois des formules larges : Ainsi l'art. 15 de la loi du 15 juillet 1878 sur les mesures à prendre pour arrêter les progrès du phylloxéra et du doryphora, déclare en termes généraux que l'article 463 est applicable à toutes les condamnations prononcées par la loi nouvelle. L'art. 36 de la loi du 21 juillet 1881 sur la police sanitaire des animaux autorise les circonstances atténuantes dans tous les cas prévus par la loi nouvelle.

Par contre certaines lois spéciales muettes sur le principe de l'article 463 en ont par là-même repoussé l'admission. Telles sont les lois relatives aux délits commis en matière de douane, de pos-

____

(1) 14 Avril 1883, 23 février 1884, 13 juin 1884, S. (86, 1.234). Garraud, 2ᵉ édition, t. I, nᵒ 97, p. 186.

tes, de poudres et salpêtres, de mines, de syndicats professionnels. Cependant une loi du 29 mars 1897 (art. 19 de la loi de Finance) contient des dispositions spéciales à l'égard de l'application des circonstances atténuantes aux amendes et confiscations en matière de contributions indirectes. Contrairement au droit commun primitif de cette matière (article 39 du décret de germinal, an XIII), les circonstances atténuantes sont admises en cette matière, d'abord par une loi du 21 juin 1873 en faveur de la peine d'emprisonnement prévu par les art. 46 de la loi du 28 avril 1816 et les art. 12 et 14 de la loi du 21 juin 1873, ensuite par une loi du 30 mars 1888 (art. 42) complétée par la loi du 26 décembre 1890 (art. 12) en faveur des amendes fiscales et enfin par une loi du 29 mars 1897 (art. 19) qui en étend le bénéfice à la confiscation spéciale. Nous étudierons à propos des effets des circonstances atténuantes les conséquences de cette innovation.

D'autres lois ont déclaré expressément l'article 463 inapplicable à leurs dispositions (Loi du 21 mai 1827 devenue le Code forestier (art. 203). Loi du 3 mai 1844 sur la police de la chasse (art. 20). Il reste une observation à formuler sur la rédaction de l'article 463. La loi de 1832 substitue aux termes du Code de 1810 : « Dans tous les cas où la peine de l'emprisonnement est portée par le présent Code et si le préjudice n'excède pas 25 francs », les suivants : « Dans tous les cas où la peine de l'emprisonnement et celle de l'amende sont prononcées par le présent Code » qui paraissent exiger la présence cumulative de l'emprisonnement et de l'amende.

Sous l'empire du Code de 1810 lorsque l'amende était seule prononcée, les circonstances atténuantes ne pouvaient être accordées, au contraire si l'emprisonnement et l'amende étaient prononcés cumulativement l'amende pouvait être réduite ; le Gouvernement et la Commission en 1832 avaient reproduit les termes de l'ancien article 463. M. Lavialle de Masmorel fit remarquer que le juge avait bien moins de latitude au sujet de l'amende que vis-à-vis de l'emprisonnement et demanda pour les Tribunaux la faculté de réduction pour « tous les cas où la peine de l'emprisonnement et celle de l'amende sont prononcées, soit cumulativement, soit séparément par le Code pénal. » M. Paraut, au nom de la Commission, accepta le principe de l'amendement, mais présenta à la Chambre des députés une autre rédaction moins nette, subsistant encore et pouvant laisser supposer que l'amende bénéficie seulement des circonstances atténuantes au cas où elle est prononcée cumulativement avec l'emprisonnement. Mais la comparaison avec l'ancien texte et la discussion intervenue au sujet de l'amendement ne laissent aucun doute sur les intentions du législateur de 1832 qui admet l'application de l'article 463 au cas ou l'emprisonnement est prononcé seul, au cas ou l'amende l'est aussi, enfin au cas où ces deux peines sont édictées conjointement. « Nous sommes

d'accord avec l'auteur de l'amendement dit M. Paraut, nous admettons le principe qu'il vient de
développer (1). »

SECTION III

*Admission des circonstances atténuantes
en matière de simple police.*

La place de l'article 463 du Code pénal de 1810
non revisé, dans le livre IIIe intitulé des crimes,
des délits et de leur punition montrait assez qu'il
était étranger aux contraventions de police, objet
du livre suivant. Il était d'ailleurs conçu dans des
termes qui n'en eussent pas permis l'application
à cette matière, du moins pour la plupart des cas.
La peine ordinaire, en effet, et presque la seule
peine des contraventions de police, sauf en cas de
récidive, est l'amende ; or, l'article 463 tel qu'il
était alors, n'autorisait la réduction de peine, en
considération des circonstances atténuantes que
dans les cas où le Code pénal prononçait l'emprisonnement. La différence que l'on n'expliquait
point entre les délits et les contraventions tenait
sans doute au peu de gravité des peines de simple
police pour lesquelles on ne jugeait pas nécessaire
de donner aux magistrats la faculté de les adoucir, mais il en résultait cette anomalie qu'un dé-

---

(1) *Archives parlementaires,* t. LXXII, p. 315, séance du 7 décembre 1831.

lit pouvait être moins puni qu'une contravention puisque la peine du délit pouvait descendre au minimum des peines de simple police, 1 franc, tandis que les contraventions, du moins celles de la 2ᵉ et 3ᵉ classes, étaient punies au minimum d'une amende de 6 et de 11 francs. Aussi sur la proposition (1) de M. Lavial de Masmorel, en 1832, l'article 463 fut étendu aux matières de simple police. L'article 483, 2ᵉ alinéa, est ainsi conçu : « L'article 463 du présent Code sera applicable à toutes les contraventions ci-dessus indiquées. » A la première lecture de cet article, on pourrait croire que les contraventions visées étaient celles indiquées dans le 1ᵉʳ alinéa de l'article 483, c'est-à-dire les contraventions soumises à la récidive. La discussion de la loi de 1832 ne laisse aucun doute sur la pensée du législateur qui a posé une règle générale et qui, par nécessité de codification l'a placée à la suite de l'article 483. La Cour de Cassation a décidé que cette disposition « n'est ni limitative, ni restrictive, qu'elle est générale et absolue et par conséquent applicable à toutes les contraventions que le code prévoit et punit, qu'il y ait ou non récidive (2) ».

La même règle régit donc les délits et les contraventions; pour que les circonstances atténuantes soient prononcées à l'occasion de contraventions prévues par des lois spéciales, il faut une

---

(1) Séance du 7 Déc. 1831. *Archives parlementaires*, tome LXXVIII, p. 315.
(2) Cass. 1 et 6 Fév. 1833. S (33-1.319) Dalloz. Supp. Peine nº 585.

disposition expresse de ces lois. Ainsi l'article 463
C. p. n'est pas applicable en cas de contravention
à la loi du 2 novembre 1892 sur le travail des
enfants, des filles mineures et des femmes dans
les établissements industriels. Cass. 9 novembre
1895, D. (96 1.191).

Toutefois l'article 463 sera applicable aux contraventions poursuivies en vertu de règlements ou
d'arrêtés légalement pris et publiés par l'autorité
administrative dont le code parle en termes généraux (art. 471 n° 15) et auxquels il donne la même
sanction qu'à ses propres décisions (1)

---

(1) Dalloz J. G. Contravention n° 65.

CHAPITRE IV

Procédure des circonstances atténuantes

Nous étudierons séparément dans ce chapitre par qui et dans quelles formes sont constatées les circonstances atténuantes.

SECTION I

Par qui sont constatées les circonstances atténuantes

Le but recherché par l'admission des circonstances atténuantes étant une modification de la peine, il résulte que la déclaration et l'appréciation de ces circonstances n'appartiennent en aucun cas en jurisprudence française aux juridictions d'instruction dont le rôle est de se prononcer sur deux questions : existe-t-il des charges suffisantes permettant de renvoyer l'inculpé devant des juridictions de jugement ? et, s'il en existe, quelle juridiction sera compétente pour les apprécier ? Les circonstances atténuantes ne modifiant que les degrés de la culpabilité sans les supprimer, et sans changer la qualification de la compétence, il paraît difficile d'accorder à d'autres juges qu'à ceux qui statuent sur la culpabilité de l'accusé et sur l'application de la peine, le droit de déclarer les circonstances atténuantes. Comme on l'a dit, cette déclaration doit être l'épilogue et non le prologue du procès pénal (1).

Il en est différemment en Belgique où la loi du 4 octobre 1867, dans ses articles 2, 3, 4, 6, édicte que dans tous les cas où il n'y aurait lieu de ne prononcer qu'une peine correctionnelle à raison d'une excuse ou de circonstances atténuantes, la Chambre du conseil ou des mises en accusation pourra renvoyer le prévenu devant le tribunal correctionnel ou de simple police en exprimant l'existence de circonstances atténuantes (2). Cependant, en France, les juridictions d'instruction usent quelquefois d'un procédé équivalent en négligeant de relever les circonstances aggravantes, ce qui convertit le crime en délit, mais le prévenu ne se prête pas toujours à ce subterfuge et se prévaut de l'excès de son indignité pour réclamer son renvoi en Cour d'assises.

La question de savoir par qui sont constatées les circonstances atténuantes ne se posant pas légalement devant les juridictions d'instruction,

---

(1) Rapport Bozerian, Sénat, 4 avril 1885, *Revue pénitentiaire*, 1885 p. 951, Garraud, tome II, p. 236.

(2) Timmermans, *Commentaire de la loi Belge du 4 octobre 1867*, p. 9, Haüss, *op. cit.*, tome II, n° 856 et suiv.

c'est aux juridictions de jugement à la résoudre. Le soin de les constater, en matière correctionnelle et de simple police, est confié au même juge qui statue à la fois sur la culpabilité de l'individu et sur la pénalité encourue. Au contraire, lorsque le fait est de la compétence de la Cour d'assises nous trouvons en présence deux pouvoirs : le jury chargé d'apprécier la culpabilité de l'individu et la Cour appliquant la peine. Auquel de ces deux pouvoirs doit-on confier la déclaration des circonstances atténuantes ? Le législateur de 1832 a chargé de cette mission le jury, c'est au pouvoir maître, en effet, de déclarer la culpabilité, au juge du fait que logiquement revient le droit d'atténuer sa déclaration; s'il en était autrement, comme sous l'empire de la loi de 1824, le jury incertain de ce que feraient les magistrats et craignant l'application d'une peine trop rigoureuse, préférerait souvent un acquittement injuste à une condamnation excessive.

M. le Garde des Sceaux, du reste, en présentant la loi à la Chambre des députés a dit (1) : « C'est au bon sens et à la raison du jury que la loi défère le fait et la déclaration non motivée que son existence est prouvée ou ne l'est pas ; c'est au même bon sens, à la même raison, à déclarer également sans motifs, si les conditions au milieu desquelles il s'est passé le modifient assez essentiellement pour en altérer la nature » et plus loin

____

(1) Sirey. *Lois annotées*, 1831-1848, p. 132, note 2.

« accorder à la Cour la position et la décision des circonstances atténuantes, ce serait déplacer l'appréciation légale du point de fait et s'exposer à des collisions entre la Cour et le jury, qui serait mis hors d'état de se rendre à l'avance compte de la portée de sa déclaration et que, cependant, il faut soustraire à l'incertitude, si l'on veut l'attacher au respect pour la vérité. » Aussi conformément à ces principes rationnels, l'article 341, Code Instruction criminelle, placé dans un titre relatif aux affaires qui doivent être soumises au jury prononce de la sorte : « En toute matière criminelle, même au cas de récidive, le président après avoir posé les questions résultant de l'acte d'accusation et des débats, avertit le jury à peine de nullité, que s'il pense, à la majorité, qu'il existe en faveur d'un ou de plusieurs accusés reconnus coupables, des circonstances atténuantes, il doit en faire la déclaration en ces termes : « A la majorité, il y a des circonstances atténuantes en faveur de l'accusé. » D'après cette disposition le jury a donc le pouvoir de se prononcer sur les circonstances atténuantes, mais seulement en matière criminelle. C'est ce qui résulte de la discussion même de la loi de 1832. Un amendement de M. de Podenas, rendant, en effet, le jury compétent pour constater les circonstances atténuantes au sujet de tous les faits qui lui seraient soumis et proposant de substituer aux expressions de l'article 341 « en toute matière criminelle » cette formule plus compréhensible : « Dans toute matière soumise au jury », fut rejeté sur cette observation du rapporteur, que la déclaration du jury ne pouvait, par rapport aux circonstances atténuantes, avoir quelque valeur que dans les matières pour lesquelles la pénalité est graduée. Comme les peines correctionnelles sont peu nombreuses et n'offrent pas, à la différence des peines criminelles, de gradation consacrée par la loi, on jugea convenable de laisser à la Cour d'assises pleins pouvoirs pour l'appréciation des circonstances atténuantes (1). Il ressort, d'ailleurs, des termes du dernier paragraphe de l'article 463 que dans tous les cas où les peines prononcées par la loi sont celles de l'emprisonnement ou de l'amende, c'est aux tribunaux qu'il appartient facultativement de les réduire. De telle sorte que si un fait soumis au jury dégénère en délit ou ne constitue plus qu'un délit, c'est à la Cour, jugeant correctionnellement, qu'il appartient de déclarer les circonstances atténuantes.

Plusieurs cas sont à examiner. Tout d'abord un fait qualifié crime par la chambre des mises en accusation et renvoyé devant la cour d'assises peut être dépouillé de ces circonstances aggravantes nécessaires pour l'existence d'un crime et dont le rejet change le crime en délit. C'est un vol qualifié pour lequel le jury écarte les circonstances aggravantes d'escalade et d'effraction, le vol n'est plus

---

(1) Molinier. *Revue critique de législation,* tome I, p. 230. — Bertaud, *Op. cil.*, p 414.

alors qu'un vol simple, un délit correctionnel. En droit strict, ce fait aurait dû être porté devant le Tribunal correctionnel, la cour d'assises devrait se déclarer incompétente ; cependant comme elle a la plénitude de juridiction, elle retiendra l'affaire (art. 365, C. Inst. Cr.) et statuera sur la déclaration de circonstances atténuantes. Ce principe est établi par une jurisprudence constante (1). Cette solution est conforme à l'esprit de l'art. 341. C. Inst. Cr., nous ne sommes plus en matière criminelle, il s'agit de la répression d'un simple délit puni de peines correctionnelles et pour lequel les magistrats de la Cour ont les mêmes pouvoirs que les juges correctionnels, par conséquent celui de déclarer les circonstances atténuantes.

En second lieu, certains délits correctionnels, en raison de leur nature particulière ont été dans presque toutes les législations enlevés à la compétence des tribunaux correctionnels pour être soumis à l'appréciation du jury, tels sont les délits de presse. La loi du 29 juillet 1881, reproduisant le système des lois des 17 et 26 mai 1819, du 8 octobre 1830, du 27 juillet 1849, du 15 avril 1871, édicte dans son article 45 qu'en principe les délits de presse seront jugés par la Cour d'assises, sauf exception pour certains cas énumérés limitativement. De plus, l'art. 64 de la même loi

------

(1) Cass. 30 Déc. 1881 S. (84-1.354). — Cass. 29 Juin 1882 D. (83-1-144). — Villéy. *Op. cit.*, p. 487. — Trébutien, *Op. cit.*, p. 169. — Garraud. *Op. cit.* tome II, n° 152. — Chauveau et F. Hélie. *Op. cit.*, tome VI, n° 2720.

déclare formellement que l'art. 463 sera applicable
à tous les cas prévus par la présente loi. Elle est
cependant muette sur le point de savoir qui du Jury
ou de la Cour prononcera les circonstances atténuantes. L'art. 1er de la loi du 15 avril 1871 remet-
tant en vigueur l'art. 23 de la loi du 27 juillet 1849,
avait accordé au jury le droit de prononcer les
circonstances atténuantes; dans tous les docu-
ments parlementaires, le droit du jury est toujours
supposé. Lors de la discussion de l'article 64,
M. Durand avait demandé l'abrogation de la
disposition finale de l'art. 64, portant qu'au cas
de circonstances atténuantes, la peine prononcée,
ne pourra excéder la moitié de la peine édictée par
la loi, sous prétexte qu'elle était contraire aux
principes généraux des circonstances atténuantes,
mais le rapporteur répondit que cette dérogation
était faite en faveur de la liberté. « Si le jury a admis
les circonstances atténuantes, il a voulu par cela
même que la peine fût modérée (1). » Le rapporteur reconnaissait donc au jury le droit de statuer
sur les circonstances atténuantes. Malgré tout,
l'art. 64 n'indiquant pas formellement le droit du
jury, il ne paraît guère possible pour entrer dans
les intentions certaines du législateur, du suppléer
à ce défaut de texte et de reconnaitre un tel pouvoir au jury jugeant correctionnellement, alors
que, d'après les principes généraux, à ce sujet, il

____

(1) Rapport Lisbonne, (D. 81, 4, 87).

n'a cette faculté qu'en matière criminelle. Il est vrai, qu'en pratique, le Ministère public et les Cours n'ont jamais élevé d'objection et ont laissé au jury le soin de se prononcer sur les circonstances atténuantes (1). Enfin, certains faits qualifiés crimes par la loi, peuvent, à la suite de l'admission d'une excuse légale, être changés en délits. C'est là, comme nous l'avons déjà vu, l'effet normal des excuses atténuantes qui, en transformant la nature de la peine, transforment la nature de l'infraction (2). Ainsi un individu poursuivi pour meurtre est reconnu coupable, mais le jury a admis en sa faveur l'excuse atténuante de provocation, il ne sera plus punissable que de peines correctionnelles, d'après l'art. 326 du C. p. Le jury en présence de ce délit n'aura plus qualité pour prononcer les circonstances atténuantes, la déclaration qu'il ferait à ce sujet, serait regardée comme non avenue par la Cour d'assises, à laquelle il appartient d'en déclarer l'existence (3). La jurisprudence de la Cour de cassation admet cette solution, pour retirer au jury le droit de déclarer les circonstances atténuantes, elle ne reconnait pas à l'excuse de provocation l'effet de changer le crime en délit, le crime et l'excuse forment un seul tout, un crime excusable passible d'une peine

---

(1) Garraud, tome II, 1ʳᵉ Edit., n° 152, note 18.

(2) Garraud, 1ʳ, Edit., tome II, p. 226 et suiv., n° 143.

(3) Villey, p. 487. — Garraud, n° 152. — Bertauld, p. 415 et suiv. — Blanche, tome VI, n° 693. 20 juin 1867, D. (67, 1, 443). — Cass., 7 avril 1887, S. (89, 1, 133). — Cass., 5 mai 1881, B. cr., n° 117.

correctionnelle, seulement, comme en vertu de l'art. 463, lorsque les peines sont celles de l'emprisonnement et celles de l'amende, les tribunaux correctionnels ont seuls la faculté de reconnaître et d'appliquer les circonstances atténuantes, elle accorde le même pouvoir à la Cour d'assises (1). Au contraire, en ce qui concerne l'excuse de la minorité, d'après la Cour de Cassation, la déclaration de circonstances atténuantes appartient au jury. Cette jurisprudence (2) résulte de ce qu'elle admet au cas de concours de l'excuse de minorité et des circonstances atténuantes, l'application de ces dernières avant celle de l'excuse de minorité. L'effet de l'excuse de minorité doit, d'après elle, se calculer sur la peine telle que l'aurait subie un majeur, mais atténuée dans les limites de l'article 463 ; or, cette peine ainsi fixée pour un majeur est afflictive et infamante, le jury est donc compétent en vertu de l'article 463 qui lui reconnait le droit d'atténuer les peines afflictives ou infamantes, pour statuer sur les circonstances atténuantes. Cependant cette jurisprudence confond les deux questions de savoir, qui déclarera les circonstances atténuantes au profit du mineur accusé, et dans quel ordre opéreront les deux causes d'atténuation dues à la minorité et aux circonstances atténuantes, questions qui paraissent indépendantes l'une de l'autre. Il importe peu, en effet, que l'atté-

----

(1) Cass., 1ᵉʳ août 1866, S. (67, 1, 185). En ce sens, Blanche, tome VI, nᵒ 693 Trébutien, p. 169.

nuation de la minorité fonctionne après ou avant celle des circonstances atténuantes, puisque l'effet certain de l'excuse de minorité, abstraction faite de tout abaissement dû aux circonstances atténuantes, est de transformer le crime en délit et d'enlever par conséquent au jury le droit de prononcer des circonstances atténuantes (1).

Il résulte, donc, à notre point de vue, de l'examen de ces différentes hypothèses qu'en présence de ces délits la cour d'assises est seule compétente pour statuer sur les circonstances atténuantes et qu'elle n'a pas à tenir compte de la réponse du jury, s'il s'était exprimé à cet égard. La combinaison des articles 341, C. Inst. Cr. et 463 n'oblige, en effet, la cour d'assises à prononcer une réduction de peine qu'autant que le fait déclaré constant par le jury est de nature à entraîner des peines afflictives ou infamantes ; ce qui n'est pas le cas, lorsqu'il s'agit de délits. Si elle veut accorder des circonstances, elle doit déclarer en son propre nom qu'elles existent (2). Toutefois la Cour d'assises peut s'approprier la réponse du jury sur les circonstances atténuantes : elle est même présumée se l'approprier par cela seul qu'elle la laisse subsister et qu'elle la rappelle dans son arrêt. (Cass. 19 Janv. 1833, Dall. Instr. Cr. 2444). Une

---

(1) Garraud, tome II, 1re Edit., n· 6, p. 268. — Villey, p. 488. — Bertauld, p. 418.

(2) Cass, 30 Déc, 1881, S. (84, 1. 354). — Ch. et F. Helie, tome VI, n° 2.700.

dernière remarque est à examiner, cependant, à propos de la déclaration des circonstances atténuantes ; lorsque les articles 341, C. Instr. Cr. et 463, C. P. émettent ce principe que le jury est seul compétent pour prononcer des circonstances atténuantes en matière criminelle, ils considèrent les cas les plus fréquents. Mais quelquefois, meme en matière de crime la cour est appelée à juger sans l'assistance du jury, lorsque l'accusé est contumax (art. 470, C. Inst. Cr.). Appartiendra-t-il à la Cour dans ce cas de déclarer des circonstances atténuantes ? L'art. 341, C. Inst. Cr., ne s'applique pas à cette hypothèse, puisque le président de la Cour n'a pas à poser de question au jury qui n'intervient pas ; de plus l'art. 463, C. P., n'autorise une réduction de peine que pour les accusés reconnus coupables, « en faveur de qui le jury aura déclaré des circonstances atténuantes ». C'est en invoquant ces raisons que la jurisprudence de la Cour de Cassation refuse à la Cour d'assises jugeant un contumax, le droit de prononcer en sa faveur des circonstances atténuantes. « Attendu qu'il résulte, dit-elle, de la combinaison des art. 463 du Code pénal et 341 du Code d'instruction criminelle, que le droit de déclarer les circonstances atténuantes, en matière criminelle, en faveur des accusés reconnus coupables, n'appartient qu'au jury, que l'attribution faite d'un tel pouvoir au jury par le premier alinéa de l'art. 463 Code pénal est de sa nature limitative ; qu'elle ne peut par conséquent, par des motifs quelconques, d'analogie, être étendue aux Cours d'assises procédant sans l'assistance, ni l'intervention de jury, conformément à l'art. 470 du Code d'instruction criminelle au jugement des accusés contumax ; que l'existence des circonstances atténuantes ne saurait être d'ailleurs reconnue etdéclarée que par le résultat d'un débat oral et contradictoire que repousse formellement l'art. 468 du Code d'instruction criminelle, relatifs aux jugements par contumace dont les éléments ne sont puisés que dans l'instruction écrite (1). » Cette jurisprudence qui n'a jamais varié depuis a été vivement combattue par des criminalistes éminents dont nous allons résumer les principaux arguments (2).

Ils ont objecté d'abord que la Cour d'assises peut acquitter ou absoudre l'accusé contumax aux termes de l'art. 471, Code d'instruction criminelle, dépouiller le fait qui lui est soumis de son caractère de crime, prononcer des peines correctionnelles ou de simple police et enfin statuer sur l'existence des excuses légales résultant du procès (3), pourquoi alors ne pourrait-elle pas accorder des circonstances atténuantes au contumax ? On a répondu, qu'en donnant au fait son véritable caractère, en absolvant ou en acquittant

---

(1) Cass., 4 mars 1842, S. (42, 1. 471). — Même sens. Blanche, tome VI, n° 674.

(2) Chauveau et F. Hélie, t. VI. n° 2693 et 2694. *En ce sens Ortolan*, tome II, n° 2339. — Trébutien, p. 170. — Bertauld, 18° leçon, p. 414-415. — Villey, p. 486. — Garraud, tome II, n° 153.

(3) Cass., 4 octobre 1821. Dallog. J. G. *Contumax*, n° 44.

on rendait la justice que l'on devait à tous, même à ceux qui échappent à la vindicte publique, tandis que l'admission des circonstances atténuantes était une faveur accordée à l'accusé qui se présente devant ses juges et se soumet à l'expiation de sa faute; cette dernière considération, semble méconnaître le caractère de la réforme de 1832; que l'accusé soit présent ou absent, le juge doit toujours avoir la faculté de tenir compte des nuances de la culpabilité et de tempérer la peine édictée par le Code lorsqu'elle lui paraît trop sévère.

D'autre part, est-il bien certain qu'on ne puisse reconnaître des circonstances atténuantes qu'à la suite d'un débat oral et contradictoire; n'est-il pas possible à la Cour de relever des faits d'excuse et d'atténuation d'après les pièces mêmes, dans la nature des faits, dans les interrogatoires écrits des témoins. Par quels motifs cette procédure serait-elle vide d'éléments de décision au regard des circonstances atténuantes seulement? Elles sont peut-être plus difficiles à constater en l'absence de l'accusé, mais il ne sera pas impossible de le faire.

D'ailleurs, la Cour de cassation elle-même donne le droit aux tribunaux correctionnels ou de simple police, de reconnaître des circonstances atténuantes en faveur des prévenus qui font défaut. « Attendu que les tribunaux de simple police et de police correctionnelle remplissent, dans l'exercice de leurs attributions, les fonctions dévolues aux jurés dans les affaires de grand cri-

minel ; qu'ils sont comme ceux-ci appréciateurs
et juges des faits soumis à leur examen, ainsi que
de la culpabilité ou de l'innocence des prévenus ;
que les articles 483 et 463 du Code pénal ont aban-
donné à leur discernement et à leur conscience,
l'usage du pouvoir dont ils les investissent dans
les cas où les circonstances de la contravention
ou du délit leur paraissent atténuantes ; qu'ils
doivent dès lors recevoir leur application, même
dans les jugements par défaut, par la raison que
la conviction des magistrats à cet égard peut
résulter, soit de la simple lecture du procès-verbal
dressé contre l'inculpé, soit du libellé de la cita-
tion » (1). Il semble ainsi que dans cet arrêt la
Cour de cassation se soit condamnée elle-même.
Lorsque la Cour juge par contumace, en effet, elle
remplit en même temps les fonctions de juge et
de juré, comme le juge correctionnel ou de simple
police. Si ces derniers peuvent accorder des circonstances atténuantes au cas de défaut, pourquoi la Cour n'aurait-elle pas les mêmes pouvoirs
au cas de contumace. La situation étant identique
dans les deux cas, la solution devrait l'être aussi.
D'autant plus que la cour d'assises, en écartant
une circonstance aggravante ou en reconnaissant
une excuse, n'ayant plus à juger qu'un délit, aura
tous les pouvoirs des tribunaux correctionnels et
de simple police, même celui de déclarer les circonstances atténuantes. Alors n'est-il pas contra-

____

(1) Cass., 1er décembre 1842, S. (43, 1, 364).

dictoire de donner à la cour d'assises, en matière correctionnelle, un pouvoir qu'on lui refuse en matière criminelle? N'est-il pas bizarre que la cour d'assises puisse exercer le pouvoir qu'on lui refuse, en écartant simplement les circonstances aggravantes? Il est contraire à toute logique de refuser à la Cour, lorsque l'accusé ne comparaît pas devant elle, le droit de diminuer les peines criminelles, alors qu'elle peut réduire presque indéfiniment les peines correctionnelles au cas où le crime poursuivi a dégénéré en délit ?

En somme, l'article 341, Code d'instruction criminelle a eu pour but d'indiquer en thèse générale que le droit de statuer sur les circonstances atténuantes en matière criminelle appartient au jury et non à la Cour. Le législateur de 1832 a voulu conférer au jury des pouvoirs qu'il n'avait pas d'après la loi de 1824, mais son intervention ne s'est pas arrêtée sur les rares hypothèses où le jury n'intervient pas ; aussi serait-il juste de reconnaître à la Cour d'assises, qui dans ces hypothèses, a la double mission de se prononcer sur la culpabilité et sur l'application de la peine, le droit qu'aurait le jury, dont elle remplit les fonctions, de déclarer des circonstances atténuantes.

SECTION II

Formes des circonstances atténuantes

Lorsque le jury doit reconnaître la culpabilité ou la non-culpabilité des accusés, il répond affirmativement où négativement à des *questions* qui lui sont posées. A l'égard de la déclaration des circonstances atténuantes, il jouit, au contraire, d'un pouvoir illimité. C'est spontanément et sans immixtion de la Cour qu'il se prononce sur leur existence. La loi, cependant, pour éviter un oubli, une erreur des jurés qui auraient pu priver l'accusé d'un tel bénéfice, n'ordonne pas, il est vrai, au Président de la Cour d'assises de poser une question spéciale relative aux circonstances atténuantes, mais lui fait un devoir en vertu de l'article 341, Code d'instruction criminelle et à peine de nullité de donner à ce sujet un avertissement au jury, toutes les fois qu'elle qualifie un fait de crime. Le législateur de 1832 a pensé : que poser une question spéciale, à ce sujet, aux jurés, ce serait les inciter à trouver malgré tout une circonstance capable d'atténuer la peine. La position d'une question serait donc une infraction qui vicierait la déclaration si elle était relevée par le ministère public ; mais sur le seul pourvoi de l'accusé elle ne peut entraîner qu'une annulation dans l'intérêt de la loi, puisqu'il ne peut en résulter à son égard aucun préjudice (1).

Lorsque la culpabilité de l'accusé a été reconnue, le chef du jury doit donc demander verbalement aux jurés s'ils sont d'avis d'admettre des circonstances atténuantes, en vertu de la loi du

---

(1) Cass , 17 août 1832, S. (33, 1.160).

13 mai 1836 (art. 1ᵉʳ). Lors de la discussion de cette loi, le gouvernement avait proposé de ne donner au jury le droit de délibérer sur les circonstances atténuantes, qu'autant que la demande en aurait été faite par un ou plusieurs jurés; cette manière de voir ne fut pas approuvée par la commission; elle considéra, au contraire, qu'un juré convaincu de l'existence de circonstances atténuantes pourrait omettre de soumettre la question au vote de ses collègues, ou craindre en les réclamant de trahir sa pensée intime; aussi la loi prescrit-elle au chef du jury de poser la question des circonstances atténuantes, toutes les fois que la culpabilité de l'accusé aura été reconnue.

Le législateur de 1832, modifiant l'ancien (1) article 347, Code d'instruction criminelle qui déclarait la simple majorité des voix nécessaire pour prononcer une condamnation, exigea dès lors une majorité de plus de sept voix pour la condamnation. Bien qu'en général la majorité des voix fut suffisante pour faire accepter une réponse favorable à l'accusé, dans la crainte de voir le jury abuser de son nouveau pouvoir, la même disposition

---

(1) Ancien article 347, Code d'iustruction criminelle.

La décision du jury se formera pour ou contre l'accusé à la majorité à peine de nullité. En cas d'égalité de voix, l'rvis favorable à l'accusé prévaudra.

Article 347 remplacé par l'article 7 de la loi du 28 avril 1832. La décision du jury se formera contre l'accusé à la majorité dé plus de sept voix. Elle se formera à la même majorité de plus de sept voix sur l'existence des circonstances atténuantes. Dans l'un et l'autre cas, la déclaration du jury constatera cette majorité à peine de nullité, sans que jamais le nombre des voix puisse y être exprimé.

de loi rendit nécessaire, la majorité de plus de sept voix, pour la déclaration des circonstances atténuantes.

Mais la loi du 9 septembre 1835 dans le but de diminuer un grand nombre d'acquittements, facilités par un système où la minorité du jury l'emportait sur la majorité, disposa que les verdits de culpabilité seraient rendus à la simple majorité, c'est-à-dire par sept voix contre cinq. Les circonstances atténuantes se liant intimement au fait principal (2) la loi de 1835 leur a appliqué la même solution, en substituant aux mots de l'article 347 de 1832 : « Majorité de plus de sept voix » ceux de « majorité » sans autre condition ; car, s'il en avait été autrement, dans le cas où la condamnation résulte d'une majorité de sept voix, si on avait exigé quand même la majorité de huit volx pour les circonstances atténuantes, la huitième voix eut été insignifiante ; elle aurait été prise, en effet, parmi les cinq qui s'étaient prononcées pour la non-culpabilité et qui a fortiori se trouvaient disposées à déclarer des circonstances atténuantes.

Enfin la loi du 9 juin 1853 a opéré le dernier remaniement de l'article 347 : « La décision du

---

(2) Article 347 de la loi du 9 septembre 1835.

La décision du jury tant contre l'accusé que sur les circonstances atténuantes, se formera à la majorité à peine de nullité. La déclaration du jury, constatera la majorité, à peine de nullité sans que le nombre de voix puisse y être exprimé, si ce n'est dans le cas prévu par le quatrième paragraphe de l'article 341.

jury, tant contre l'accusé que sur les circonstances atténuantes se forme à la majorité. » Il semblerait logique que le simple partage des voix dut entraîner une déclaration de circonstances atténuantes, comme il fait prévaloir les réponses favorables à l'accusé, et détermine son acquittement ou la reconnaissance d'une excuse légale ; le législateur de 1853 ne l'a pas jugé ainsi, « craignant qu'il n'y eut abus dans les déclarations de circonstances atténuantes, si le simple partage équivalait à une déclaration favorable, il a exigé la majorité, afin que la décision affirmative fut le résultat d'une volonté certaine du jury et non d'un doute de sa part. D'autant plus que l'atténuation étant une modification essentielle de la criminalité qui a été reconnue par le jury, il faut une majorité pour en déclarer l'existence (1). »

La loi de 1835 a introduit dans le vote des délibérations du jury une autre innovation, aux termes de l'article 345 du Code d'instruction criminelle de 1832, lorsque les jurés étaient réunis pour délibérer, le chef du jury devait les interroger individuellement et successivement, d'après les questions posées par la Cour et notamment sur l'existence des circonstances atténuantes. Chaque juré répondait, en employant une formule déterminée par la loi et le vote se formait par la réunion des réponses. La loi du 9 septembre

____

(1) Garraud. *Précis de Droit criminel*, p. 680 et 681, édition 1894.

1835, en décidant qu'à l'avenir, le jury voterait au scrutin secret, modifia l'article 345 en ce sens (1).

Ce nouveau principe laisse aux jurés leur indépence, empêche toute opposition à la libre manifestation de leur conviction intime, mais ne supprime pas la délibération antérieure au vote, par laquelle ils cherchent à s'éclairer mutuellement.

Une règle essentielle de cette matière, a été posée par l'article 1er de la loi du 13 mai 1836 aux termes duquel « le jury votera par bulletins écrits, scrutins distincts et successifs, sur le fait principal d'abord, et s'il y a lieu sur chacune des circonstances aggravantes, sur chacun des faits d'excuse légale, sur la question de discernement, et enfin sur la question des circonstances atténuantes que le chef du jury sera tenu de poser, toutes les fois que la culpabilité de l'accusé aura été reconnue.

La déclaration du jury quant aux circonstances atténuantes, doit être ainsi spéciale, distincte et personnelle pour chaque accusé. Un arrêt de cassation du 12 août 1880 a, en effet, jugé que la déclaration unique et collective se référant à deux accusés, même en les désignant nommément, était viciée de nullité « parce que cette déclaration

---

(1) *Article 345*. Le chef du jury lira successivement chacune des questions posées comme il est dit en l'article 336, et le vote aura lieu ensuite au scrutin secret, tant sur le fait principal et les circonstances aggravantes, que sur l'existence des circonstances atténuantes.

unique et commune aux accusés ne fournissait pas la preuve certaine et légale que les prescriptions des articles 1 et 3 de la loi du 13 mai 1836, exigeant des scrutins distincts pour chaqe accusé, non seulement sur le fait principal, mais sur les circonstances atténuantes, eussent été observées » (1). Toutefois, l'annulation de l'arrêt de cour d'assises ne peut être prononcée que sur le pourvoi du procureur général dans l'intérêt de la loi ; les accusés sont sans intérêt et par conséquent sans droit à se prévaloir, comme moyen de cassation, de l'irrégularité d'une déclaration collective dont ils ont profité individuellement. Ainsi décidé dans l'arrêt précité.

De même les circonstances atténuantês constituant un bénéfice personnel, une appréciation favorable de la culpabilité individuelle peuvent être accordées à l'auteur principal et refusées au complice, et réciproquement. Alors même que le jury aurait déclaré des circonstances atténuantes en faveur de l'auteur principal et du complice, celui-ci pourrait être condamné à une peine plus forte que celui-là (2). La cour d'assises peut descendre la peine d'un seul degré vis-à-vis du complice et de deux vis-à-vis de l'auteur principal.

Lorsque l'accusation comprend plusieurs chefs, les jurés peuvent s'expliquer sur les circonstances

---

(1) Cass. 12 août 1880, S. (81, 1, 237).
(2) Dalloz. *Jurisprudence générale*. V° *Complice*, n°ˢ 15, 20, 22.

atténuantes, soit par une déclaration collective relative à l'ensemble de ces divers chefs d'accusation, soit par des déclarations successives et distinctes, correspondant à chacun des chefs. Avec ce dernier procédé, l'atténuation de peine ne s'applique qu'aux faits pour lesquels l'article 463 est admis ; cette déclaration, limitée à ces chefs, ne produit aucun effet. La Cour de cassation a approuvé la légitimité et la légalité d'un tel procédé (1). La reconnaissance de l'existence de circonstances atténuantes à l'égard d'un seul chef d'accusation est une déclaration « complàte, dit-elle, en ce sens qu'en l'appliquant d'une manière expresse à un chef déterminé, le jury décidait implicitement qu'il n'avait pas eu l'intention de l'étendre à d'autres ; elle était légale, car s'il est vrai que dans le cas où un seul chef d'accusation est déféré au jury, l'admission des circonstances atténuantes ne peut être, de sa part, que le résultat de l'appréciation des débats dans leur ensemble, cette appréciation doit avoir le même caractère en ce qui concerne spécialement les débats auxquels il a été procédé sur chacun des chef distincts dont se compose une accusation multiple ; que la réunion de ces chefs dans un même arrêt de renvoi ne saurait faire obstacle à ce que le jury exerce à l'égard de chacun d'eux le droit que lui attribue la loi, et qu'il accomplisse l'obligation qu'elle lui inspire ; qu'il importe peu que sa décla-

---

(1) Cass., 30 septembre 1841, S. (42, 1, 893) ; 8 juin 1843, S. (43, 1, 506).

ration, limitée au chef unique, ne soit pas de nature à sortir effet, le jury n'ayant pas à se prononcer sur les conséquences pénales de ses décisions ».

Lorsque le jury, après avoir reçu l'avertissement inspiré par la loi, n'a pas prononcé de circonstences atténuantes en faveur de l'accusé, son silence à cet égard constitue la présomption qu'il n'en a pas reconnu l'existence, et la lecture de la réponse des jurés à l'accusé, la rendant irrévocable après les formalités de l'article 349 C. Instr. crim.), ceux-ci ne pourraient ensuite atténuer l'irréfragabilité de leur verdict en alléguant qu'ils auraient omis d'examiner, si la cause présentait des circonstances atténuantas (1). Le jury doit donc énoncer sa réponse d'après l'article 341 C. Inst. cr. « A la majorité, il y a des circonstances atténuantes en faveur de l'accusé. »

Si le verdict du jury constate que des circonstances atténuantes ont été accordées à l'accusé, mais sans indiquer que cette déclaration a eu lieu à la majorité, cette omission constitue une infraction aux dispositions de la loi, l'arrêt intervenu doit être cassé de ce chef, mais seulement dans l'intérêt de la loi, car il n'y a pas eu de préjudice pour l'accusé (2).

De même le verdict ne doit pas mentionner le nombre des voix qui se sont prononcées pour

(1) Cass., 26 décembre 1833, S. (34, 1. 188).
(2) Cass., 19 décembre 1878, S. (79, 1, 302).

l'admission de l'article 463 Code pénal ; s'il contenait celte mention, contraire à celle de l'article 341, par exemple, que les circonstances atténuantes ont été admises à l'unanimité, la Cour
devrait renvoyer le jury dans la chambre des
délibérations pour reformer son verdict (1).

Le président des assises n'est pas tenu de réité-
rer aux jurés les avertissements prescrits par
l'article 341, dans le cas où ils sont renvoyés dans
la chambre des délibérations pour compléter ou
rectifier leur délibération (2).

Enfin, si la déclaration sur le fait principal se
trouvait annulée et soumise à un autre jury, la
reconnaissance de circonstances atténuantes subirait le même sort ; celles-ci ne sont pas, en effet,
des accessoires du fait principal pouvant à la
rigueur exister sans lui, mais une partie du fait
principal dont elles ne peuvent être détachées. Ce
serait, du reste, entraver le pouvoir souverain et
libre du jury, le rendre illusoire, que de lui imposer d'avance le degré de moralité du fait ou de la
personne, qu'il est appelé à juger. En matière
correctionnelle ou de simple police, les juges,
pour admettre le prévenu au bénéfice des circonstances atténuantes, n'ont qu'à insérer dans le
jugement cette formule générale : « Attendu qu'il
existe des circonstances atténuantes. » Ils doivent
se borner à spécifier que les circonstances sont

____

(1) Cass., 29 novembre 1877, S. (78, 1, 237).
(2) Cass., 20 mai 1837, S. (37, 1, 653).

atténuantes, mais il ne leur suffirait pas, pour légitimer une réduction de peine, de déclarer « que les coupables se sont montrés repentants » (1), ou qu'il y a lieu d'espérer qu'ils se conformeront à l'avenir aux arrêtés (2). Enfin, la modération des peines à raison des circonstances atténuantes est possible de la part des juges correctionnels ou de simple police, même lorsqu'ils statuent par défaut (3).

----

(1) Cass , 18 mai 1849, D. (49, 1, 180).

(2) Cass., 9 septembre 1841. — Rep. Dalloz. *Contraventions*, n° 61.

(3) Dalloz. *J. G. Peine*, n° 576. — *Jugements par défaut*, n° 436. — Cass., 1er décembre 1842, S. (43, 1, 364).

CHAPITRE V

Nous avons déjà indiqué que la déclaration des circonstances atténuantes permettait aux magistrats d'adoucir la répression en diminuant la peine prononcée par la loi ; nous avons montré aussi qu'elle n'avait pas pour résultat de changer la qualification légale même de l'infraction.

Le seul effet des circonstances atténuantes en législation française, étant de faire varier la peine dans des proportions différentes suivant les juridictions qui les reconnaissent, pour bien comprendre le mécanisme des articles 463 et 483 qui précisent et limitent les droits et pouvoirs des juges, en matière criminelle, correctionnelle et de police, il est naturel de consacrer des sections différentes à l'étude des effets des circonstances atténuantes à l'égard des peines afflictives ou infamantes, c'est-à-dire, des peines criminelles, à l'égard des peines correctionnelles, des peines de simple police, des peines accessoires et complémentaires.

SECTION I

*Effet des circonstances atténuantes en matière
criminelle.*

Pour déterminer la portée de la première partie
de l'article 463, il faut se rappeler que les peines
criminelles appartiennent à deux classes différentes : les peines politiques et les peines de droit
commun (1). Les peines criminelles politiques
principales sont : la déportation dans une enceinte
fortifiée, la déportation simple, loi du 8 juin 1850,
1, 4,17, peines perpétuelles ; la détention de 5 à 20
ans, Code pénal, articles 7-20 ; le bannissement
de 5 à 10 ans, Code pénal, articles 8 et 32 ; la dégradation civique, peine perpétuelle, Code pénal,
articles 8-34.

Les peines principales de droit commun sont
la mort, Code pénal, articles 7, 12 et 26 ; les travaux forcés à perpétuité, Code pénal. articles 7-15.
Loi du 30 mai 1854. Les travaux forcés à temps,
de cinq à vingt ans, Code pénal, articles 7, 15 et
19. Loi du 30 mai 1854 ; la réclusion avec soumis-
sion au travail de 5 à 10 ans, Code pénal, articles
7 21. La dégradation civique, Code pénal, articles
8-64. En lisant attentivement l'article 463 on voit
qu'il tient compte de cette division en défendant

____

(1) Ortolan, t. II, n° 1629. Trébutien. *Cours du Droit criminel*, t. I, p. 204.
Garraud, t I, n° 216.

par suite de l'admission des circonstances atténuantes de passer d'une peine politique à une
peine de droit commun et réciproquement.

Cependant sa défense n'a pas été excessive, il a
placé comme échelon commun et dernier aux
deux catégories de peines criminelles, les peines
correctionnelles de l'article 401 du Code pénal,
c'est-à-dire l'emprisonnement de 1 à 5 ans avec
faculté pour le juge d'y ajouter une amende de 16
à 500 francs, l'interdiction de certains droits civils
et de famille, mentionnés en l'article 42 du Code
pénal pendant 5 ans au moins et dix ans au plus,
à compter du jour où le condamné aura subi sa
peine et l'interdiction de séjour (Loi du 27 mai
1885) pendant le même laps de temps.

Le même art. 463 reconnaît à la déclaration des
circonstances atténuantes un double effet dont
l'un est obligatoire et l'autre facultatif pour la
Cour. L'effet nécessaire, c'est l'obligation pour la
Cour d'abaisser la peine d'un degré ; l'effet facultatif, c'est la permission laissée à la Cour lorsqu'elle veut s'associer à l'indulgence du jury
d'abaisser la peine d'un second degré (1). Telle est
la règle générale, la Cour de cassation a fait plusieurs fois application de la règle qui prescrit
l'abaissement obligatoire d'un degré en cassant

---

(1) Trébutien, p. 306. Bertauld, p. 404. Ortolan, t. II, n° 1659. Chauveau
et Hélie, t. VI, n° 2700. Blanche, t. VI, n° 675. Villey, p. 481.

des arrêts de Cours d'assises qui n'avaient pas effectué cet abaissement (1).

« Avec ce système, dit M. Garraud, si la déclaration de circonstances atténuantes appartient au jury en matière criminelle, l'appréciation de leur degré, quand leur existence est reconnue, appartient à la Cour, qui peut user ou non de son pouvoir d'atténuation. La Cour apprécie donc aujourd'hui le degré d'intensité de la culpabilité, en appliquant la peine, soit dans les limites du maximum au minimum, soit en cas de déclaration de circonstances atténuantes, dans les limites du double degré d'atténuation. C'est par ces deux pouvoirs qu'elle participe à l'examen du fait, de sorte que la séparation fondamentale, qu'avait voulu réaliser la législation de 1791, entre le fait et le droit dans le jugement des crimes, s'est, depuis lors, de plus en plus effacée (2). »

Au fur et à mesure de l'application du principe général à chacune des peines criminelles nous noterons les dérogations qu'il comporte.

« Si la peine prononcée par la loi est la mort, la Cour appliquera la peine des travaux forcés à perpétuité ou celle des travaux forcés à temps dit l'article 463 ».

Cette atténuation est la plus forte que le législateur ait laissé au pouvoir des juges. « Il semble,

____

(1) Supp. Dalloz, Peine, n· 557. Cass., 6 avril 1882. B. Cr., n· 96, 11 mai 1882, D. (83, 1 91), 15 mai 1885, B. Cr., n· 143, 6 avril 1883, B. Cr , n 90.
(2) Garraud, t. II, n· 155, p. 268, 1ʳᵉ édition.

disent MM. Chauveau et F. Hélie, qu'entre la peine de mort et une peine de cinq ans, il existe un abîme qui inspire à la magistrature de graves obligations (1). »

« Si la peine est celle de la déportation dans une enceinte fortifiée, la Cour appliquera celle de la déportation simple ou celle de la détention, mais dans les cas prévus par les articles 96 et 97 la peine de la déportation simple sera seule appliquée. »

Sous la législation de 1832, la peine de mort en matière politique, au cas de déclaration de circonstances atténuantes était réduite à la peine de la déportation ou de la détention ; mais l'article 463 contenait une dérogation pour les crimes des articles 86, 96 et 97, punis de la peine de mort qui se changeait alors soit en travaux forcés à perpétuité soit en travaux forcés à temps. Une peine politique se transformait ainsi en peines de droit commun. Cette anomalie a disparu depuis l'abolition de la peine de mort en matière politique art. 5 de la Constitution du 4 novembre 1848) et son remplacement par la peine de la déportation dans une enceinte fortifiée (2) (art. Ier, loi du 8 juin 1850). L'article 2 de cette loi décidait qu'au cas de circonstances atténuantes cette peine serait réduite à la déportation simple ou à la détention, mais que vis-à-vis des crimes des articles 86, 96 et

---

(1) Chauveau et F. Hélie, t VI, n· 2695.

(2) Sirey, lois annotées, 1848-1854, p. 137.

97, la peine de la déportation simple serait seule appliquée.

Enfin la loi du 13 mai 1863, a enclavé la disposition de l'article 2 dans l'article 463, en supprimant la mention relative à l'article 86, que la loi du 10 juin 1853 avait reclassé parmi les crimes de droit commun, et soumis aux peines de cette catégorie. Depuis l'avènement de la République, l'article 86, prévoyant les attentats contre l'empereur ou les membres de sa famille, se trouve sans objet. De même l'article 97 qui réprime un mode d'exécution des articles 86, 87, 91 est abrogé en tant qu'il se réfère aux crimes de l'article 86 et pour la partie de sa disposition, visant l'article 87 qui punit « l'attentat dont le but est, soit de détruire ou de changer l'ordre de la successibilité au trône. »

Aujourd'hui, donc, si les juges estiment que le crime dont ils sont saisis est politique, et passible de la déportation dans une enceinte fortifiée, l'atténuation pour cause de circonstances atténuantes, s'opère d'après la règle générale, en descendant forcément d'un degré et facultativement de deux, l'échelle des peines politiques. Mais, par exception, si le crime politique, rentre dans les prévisions des articles 96 et 97 du Code pénal, les juges peuvent seulement abaisser la peine d'un degré et prononcer la déportation simple (1).

____

(1) Ortolan, t. II, n° 1659. Bertauld, n° 405. Trébutien, p. 307. Ch et Hélie, t. VI, n° 2696.

Si la peine est celle des travaux forcés à perpétuité, la cour appliquera la peine des travaux forcés à temps ou celle de la réclusion. (Art. 463 § 3.)

Si la peine est celle de la déportation, la cour appliquera la peine de la détention ou celle du bannissement, § 5. Si la peine est celle des travaux forcés à temps, la cour appliquera la peine de la réclusion ou les dispositions de l'article 401, sans toutefois pouvoir réduire la durée de l'emprisonnement au dessous de deux ans, § 6.

Ces dispositions ne donnent lieu à aucune difficulté. Il est à remarquer cependant que, lorsque la cour veut s'associer à l'indulgence du jury, au cas où la peine des travaux forcés à temps est applicable, elle ne peut prononcer la peine de la dégradation civique, qui prend place dans l'échelle des peines avant l'emprisonnement correctionnel Le législateur n'a pas considéré cette peine assez sévère pour remplacer une peine aussi grave que celle des travaux forcés ; c'est aussi la considération de cette gravité, qui l'a conduit à empêcher la cour d'assises de réduire la peine au-dessous de deux ans, tandis que le minimun édicté par l'article 401, est d'un an. « Si la peine est celle de la réclusion, de la détention, du bannissement ou de la dégradation civique, la cour appliquera les dispositions de l'article 401, sans toutefois pouvoir réduire la durée de l'emprisonnement au-dessous d'un an, § 7. » Nous trouvons ici une dérogation à la règle générale, la cour ne pourra

abaisser la peine que d'un seul degré ; les peines
du bannissement et de la dégradation civique
n'étant pas assez répressives, ne comptent pas
dans l'abaissement de la peine ; lorsque l'atténuation fait tomber sur l'une d'elles, le juge doit
les franchir pour appliquer les peines de l'article
401. Cependant dans une hypothèse, le bannissement forme un degré ; lorsque la peine encourue
est la déportation simple, si la cour abaisse la peine de deux degrés, elle doit prononcer le bannissement. (Art. 463 § 5). La cour d'assises ne pourrait pas toutefois, sans excès de pouvoir au lieu
de l'emprisonnement depuis un an jusqu'à cinq
ans, édicté par l'article 401 Code pénal, se borner
à abaisser le minimum de la détention ou de la
réclusion. Ainsi dans une espèce où l'accusé avait
été reconnu coupable de vol, commis la nuit et
dans une maison habitée, avec des circonstances
atténuantes, les juges avaient cru pouvoir appliquer la peine de trois ans de réclusion. Cet arrêt
fut cassé par la Cour de cassation. D'une part, a
dit le Procureur général Dupin, la durée de la
peine de la réclusion ne peut être moindre de cinq
ans ; d'autre part, lorsqu'il y a une déclaration de
circonstances atténuantes en faveur d'un accusé,
passible de la réclusion, la loi oblige la cour à
substituer à cette peine celle de l'article 401, Code
pénal, c'est-à-dire les peines correctionnelles (1).

---

(1) Cass. 26 déc. 1835. B. Cr. n° 473. — Dalloz J. G. Peine, n° 525. — n° 2
Chauveau et F. Helie, n° 2698, t. VI.

Dans le cas où le Code prononce le maximun d'une peine afflictive, s'il existe des circonstances atténuantes, la cour appliquera le minimun de la peine ou même la peine inférieure, § 8.

C'est encore une nouvelle exception au principe, puisqu'on prend pour un degré, l'abaissement de la peine, de son maximum à son minimum, et qu'en réalité la peine inférieure, devant en général servir de premier degré, forme le second terme de l'atténuation. Le maximum de la peine inférieure ne saurait être dépassé (1).

De même le minimum de la peine prononcée par la loi, ne saurait être dépassé alors même que le maximum serait encouru par l'effet de la récidive, avec la faculté de porter la peine au double. (Art. 58 Code pénal). (2)

De ce système peut résulter une véritable anomalie, un individu reconnu coupable d'un crime entraînant le maximum des travaux forcés, c'est-à-dire vingt ans, à la suite d'une déclaration de circonstances atténuantes, doit d'abord être condamné nécessairement au minimum, cinq ans, et il est passible facultativement d'une peine de dix ans de réclusion (3). Or, comme les peines puisent leur rigueur dans leur durée plutôt que dans le mode de leur exécution, il paraît contradictoire

---

(1) Cass. 16 sept. 1869, S. (70, 1, 228).
(2) Cass 17 fév. 1877, S. (78, 1, 281)
(3) Cass. 26 mars 1863. D. (63, 5, 277).

de laisser les juges augmenter cette durée, sous prétexte d'atténuation. « Il aurait fallu, disent MM. Chauveau et F. Hélie, que la cour d'assises ne pût prononcer en se servant de ce second degré d'atténuation que le minimum de la réclusion, mais la loi n'a pas fixé cette limite » (1).

Il est des cas où l'application de l'article 463 aux peines criminelles présente certaines difficultés : ainsi on pouvait se demander, d'après l'article 5 de la loi du 30 mai 1854, qui substitue la peine de la réclusion à celle des travaux forcés pour tout individu âgé de soixante ans accomplis, quelle peine devait être réduite à la suite de l'admission de circonstances atténuantes, était-ce la peine des travaux forcés ou celle de la réclusion ? La Cour de cassation, confirmant un arrêt de cour d'assises, a décidé (2) que c'était à la peine encourue, les travaux forcés, et non à celle qui devait être exécutée, de bénéficier de cette réduction ; le motif principal de cette décision est que la loi du 13 mai 1854 n'a pas pour but de changer les peines encourues par les sexagénaires, mais d'établir relativement à ces peines, et dans un sentiment d'humanité, un mode d'exécution plus doux. Ainsi, en cas de circonstances atténuantes, lorsque la peine applicable est celle des travaux forcés à perpétuité et que l'accusé a plus de 60 ans, la Cour doit prononcer la peine de la

____

(1) Ch. et F. Hélie, t. VI, 6ᵉ édition, nᵒ 2699, Villey, p. 482.
(2) Cass., 7 janvier 1858, D. (58, 5, 269).

réclusion, soit en descendant d'un degré dans les limites de 5 à 20 ans, soit en descendant de deux degrés dans les limites de 5 à 10 ans (1).

SECTION II

Effets des circonstances atténuantes en matière correctionnelle.

La règle suivie en matière criminelle ne pouvait pas s'appliquer en matière correctionnelle, où les peines de l'amende et de l'emprisonnement ne forment pas une échelle à plusieurs degrés, et où les mêmes juges sont chargés de déclarer les circonstances atténuantes et d'appliquer la peine. Aussi la loi a-t-elle organisé un procédé d'atténuation différent de celui employé en matière criminelle ; l'atténuation n'est plus obligatoire, mais simplement facultative. « Dans tous les cas où la peine de l'emprisonnement et celle de l'amende sont prononcées par le Code pénal, si les circonstances paraissent atténuantes, les tribunaux correctionnels sont autorisés, même en cas de récidive, à réduire l'emprisonnement même au-dessous de six jours et l'amende même au-dessous de seize francs ; ils pourront aussi séparément prononcer l'une ou l'autre de ces peines et même substituer l'amende à l'emprisonnement,

---

(1) Chauveau et F. Hélie. Tome VI, n° 2697.

sans qu'en aucun cas elle puisse être au-dessous
des peines de simple police (art. 463). » Les juges,
tout en constatant l'existence des circonstances
atténuantes, ne sont pas tenus d'abaisser la
peine au-dessous de son minimum légal. Un arrêt
qui, dans ce cas, ne prononcerait pas une peine
inférieure au minimum de la peine légale, serait
inattaquable. Les juges auraient exprimé inutilement ces circonstances dans leur décision, puisqu'en l'absence de toute déclaration à ce sujet, ils
ont la faculté de se mouvoir entre le maximum et
le minimum, mais une telle déclaration ne saurait vicier leur jugement. Tel est le résumé d'une
jurisprudence constante (1). « Cette solution, qui
résulte du texte même de l'article 463, dit M. Garraud, est rationnellement critiquable, les juges
devraient être tenus, lorsqu'ils constatent l'existence de circonstances atténuantes, d'abaisser la
peine légale » (2). N'indiquent-ils pas, par ce
moyen, que le prévenu ne mérite pas la peine
édictée par la loi, qu'il y a lieu de proportionner
la peine à la culpabilité individuelle. Aussi le
législateur de 1881 déclare-t-il, dans l'article 64
de la loi du 29 juillet 1881, reproduisant en cela
l'article 23 de la loi du 27 juillet 1849, qu'au cas
d'application de l'article 463 aux délits de presse,

---

(1) Suppl. Dalloz. J. G. Peine, 574. — Cass., 15 janvier 1852, S. (52, 1,
678) ; 10 août 1877 (B. cr., n° 118) ; 14 mai 1891, D. (92, 1, 194). — Chauveau et F. Hélie. *Op. cit.*, n° 2712. — Blanche, tome VI, n° 698. — Villey,
p. 483. — En sens contraire. Hauss, tome II, n° 846, note 6.

(2) Garraud, tome II, n° 156. — Trébutien, p. 307-308.

« la peine prononcée ne pourra excéder la moitié de la peine édictée par la loi ».

La loi de 1881 n'explique pas si c'est la moitié du minimum ou la moitié du maximum, il faut plutôt résoudre la question en ce dernier sens, car la loi de 1849 décidait formellement que c'était la moitié du maximum.

M. Albert Desjardins (1) rejette l'interprétation de la jurisprudence précitée et préconise la solution rationnelle que l'on souhaiterait, en disant que les mots sur lesquels s'appuie la jurisprudence, « les tribunaux sont autorisés », se trouvaient dans la première rédaction de cet article en 1810 (2). On lit, en effet, dans l'exposé des motifs : « Au milieu d'un si grand nombre de délits de police correctionnelle que le Code a prévus, il est facile de concevoir que plus d'une fois, les actes qualifiés délits seront accompagnés de circonstances particulières, qui, loin de les aggraver, les atténueront sensiblement. La justice reconnaîtra peut-être en même temps que le dommage éprouvé par la personne lésée est vraiment modique : *il pourrait dès lors en résulter que le minimum de la peine déterminée par la loi pour le cas général serait trop fort….. aussi* au moyen de la disposition de l'article 463, *la conscience du juge sera rassurée et la peine sera proportionnée au délit.* » Il semblait donc résulter de

---

(1) *Revue critique*, 1886, tome XV, p. 6 et 7.
(2) Locre, tome XXXI, p. 163.

l'intention exprimée par le législateur que, par une déclaration de circonstances atténuantes, le juge exprime que le minimum légal de la peine est trop élevé, et qu'il entend abaisser la peine au-dessous du minimum.

Donc le législateur n'aurait pas considéré cette déclaration comme une vaine formule, et lui aurait reconnu un effet juridique. Cependant, s'il en était ainsi, le texte de la loi répondrait bien peu aux intentions du législateur ; et, du reste, l'article 64 de la loi sur la presse, n'accepte-t-il pas comme vérité, la règ'e que la jurisprudence formule, puisqu'il y fait exception ?

Du reste, si l'admission des circonstances atténuantes n'oblige pas nécessairement le juge à réduire la peine au-dessous du minimum déterminé par la disposition applicable du délit ; elle ne lui permet pas, d'autre part, de dispenser le prévenu de toute peine en le condamnant seulement aux dépens (1).

Pour bien comprendre les effets des circonstances atténuantes en matière correctionnelle, il faut supposer trois hypothèses suivant que la loi applique à un délit soit l'emprisonnement, soit l'amende, soit ces deux peines conjointement.

I. — Si la peine prononcée par la loi est un emprisonnement, le juge a la faculté, par une déclaration de circonstances atténuantes, soit de

______

(1) Cass., 31 décembre 1846, D. (46, 4, 280). — Cass., 27 novembre 1885. S. Peine, Dalloz, 578.

réduire cet emprisonnement même au-dessous de
six jours, minimum de l'emprisonnement correctionnel, jusqu'à un jour, minimum de l'emprisonnement de simple police ou de lui substituer une
amende. Cette dernière latitude résulte des dispositions de la loi de 1832, sous l'empire du Code de
1810, la substitution était interdite (1). Cette substitution est une disposition nouvelle qui n'a été
introduite dans le Code que par voie d'amendement. L'auteur de cette inovation fit remarquer
que lorsque l'emprisonnement et l'amende con-
couraient ensemble, l'article 463 permettait de
n'appliquer qu'une de ces peines, tandis que si
l'emprisonnement était prononcé seul par la loi,
les juges pouvaient bien le réduire, mais non y
substituer une amende. « C'est une grave incon-
séquence, dit-il; car si le législateur a voulu rendre la peine plus forte en ajoutant l'amende à
l'emprisonnement, on peut se borner à appliquer l'amende; et si dans un cas moins grave, cette
addition de peine n'est pas prononcée par la loi,
on pourra réduire la peine de l'emprisonnement, mais il faudra qu'un emprisonnement
subsiste. Je demande qu'il soit permis dans ce cas
de substituer l'amende à l'emprisonnement. » Cet
amendement fut adopté.

Depuis 1832 on se demandait quel était le
maximum de l'amende substituée à l'emprisonnement. Dans la discussion de l'article 463, cette

---

(1) Cass., 17 mai 1822. S. (22 à 24, 1, 72.)

question avait été posée, et il avait été répondu que l'amende encourue serait « celle fixée par la loi ». Cette réponse vague, laisse le champ libre à toute controverse. MM. Chauveau et Hélie (1), soutinrent que cette amende devait être renfermée dans les limites de celle de simple police, seule déterminée par la loi quant à son maximum, 15 francs. Cela leur paraissait résulter naturellement de l'ensemble du paragraphe dernier de l'article 463. En effet, disent-ils, ce n'est qu'après avoir autorisé l'emprisonnement même au-dessous de six jours et l'amende même au-dessous de 16 francs qu'il permet la suppression de l'une des deux peines et la substitution de l'une à l'autre. Il s'agit donc de peines réduites au taux des peines de simple police et par conséquent l'amende substituée ne peut excéder la limite de ces peines. Cette opinion ne fut pas acceptée, on se trouvait, en effet, en matière correctionnelle, et non en présence de contraventions, puisque le fait punissable constituait un délit dont la peine à remplacer était un emprisonnement de 6 jours. Aussi la jurisprudence se rangea-t-elle à l'avis de la Cour de Cassation (2), ainsi énoncé : la loi n'ayant pas fixé de maximum spécial pour l'amende, mais un minimum général, c'est ce minimum qui doit limiter le pouvoir du juge dans une législation dont

----

(1) Chauveau et Hélie. Tome VI, n° 2712.

(2) Cass. Janvier 1846, (B., Cr., p. 25). 3 janvier 1880, D. (80, 1, 141). 7 janvier 1882, (B., Cr., n° 10).

les peines arbitraires sont exclues. Les juges pouvaient donc, dans ces hypothèses, prononcer une amende de seize francs, avec faculté de la réduire à un franc (1) ; il était possible, en effet, de combiner le droit de substituer l'amende à l'emprisonnement, avec le pouvoir du juge correctionnel, de prononcer en vertu de l'article 463 une peine de simple police. Ce système créait de nombreuses difficultés aux tribunaux, voulant épargner la prison au prévenu ; ils n'étaient en mesure de lui appliquer qu'une amende maximum de seize francs, qui dans nombre de cas n'était pas proportionnée au délit. Aussi, à la suite de bien des réclamations, la loi du 26 octobre 1888 a-t-elle fixé le maximum de l'amende de substitution à trois mille francs (2).

II. — Si la loi punit le délit d'une simple amende, le juge peut l'abaisser en vertu d'une déclaration de circonstances atténuantes, jusqu'au minimum de l'amende de simple police, un franc. Cependant le juge ne pourrait pas substituer l'emprisonnement à l'amende. L'emprisonnement, même très court a toujours, en effet, dans la classification des peines correctionnelles, un

---

(1) En ce sens, Ortolan, tome II, n° 1662. — Bertauld, p. 410. — Blanche, tome VI, n° 706. — Trébutien, p. 303.

(2) Loi du 26 octobre 1888. — Dans le cas où l'amende est substituée à l'emprisonnement, si la peine de l'emprisonnement est seule prononcée par l'article dont il est fait application, le maximum de cette amende sera de trois mille francs.

caractère plus grave que l'amende quel qu'en soit le chiffre (1).

III. — Enfin, lorsque la loi édicte à la fois l'emprisonnement et l'amende, l'article 463, § 9, permet au juge d'abaisser les deux peines jusqu'au minimum des peines de simple police, un jour d'emprisonnement ou un franc d'amende, de n'appliquer même que l'une de ces deux peines, avec faculté de réduire cette peine unique à un jour d'emprisonnement ou un franc d'amende (2). Mais en usant du droit de ne prononcer que l'amende, les juges ne peuvent l'élever au-dessus du maximum de celle dont la loi punit le délit (3). La loi du 26 octobre 1888 n'est pas applicable au cas présent, et le juge commettrait un excès de pouvoir, si en présence d'un délit passible d'emprisonnement et d'amende et en ne prononçant que l'amende il dépassait le maximum de l'amende souvent inférieur à 3,000 francs. La loi du 26 octobre 1888 aboutit ainsi à un résultat choquant. S'il s'agit, en effet, d'un délit puni d'emprisonnement et d'amende, le tribunal, décidé à écarter la première peine, ne pourra dépasser le maximum de l'amende souvent inférieur à 3,000 fr. S'il s'agit, au contraire, d'un délit moins grave mais puni uniquement de l'emprisonnement,

_____

(1) Cass. 14 février 1856, D. (56, 1, 346).

(2) Cass. 3 nov. 1827 ; 7 mars 1844, *B. Cr.* nº 84 ; 14 avril 1855, D. (55, 5, 277).

(3) Blanche, t. VI, p. 705.

le tribunal pourra porter l'amende à 3,000 francs. Pour éviter cette contradiction, il aurait suffit que le législateur permit toujours au juge d'élever l'amende jusqu'au maximum de 3,000 francs, aussi bien lorsqu'il la prononce seule que lorsqu'il la substitue à la prison.

Malgré l'admission des circonstances atténuantes les juges peuvent n'abaisser que l'une des deux peines et maintenir le maximum de l'autre (1).

SECTION III

Effets des circonstances atténuantes en matière de simple police.

Depuis 1832, l'article 463 ayant été rendu applicable en vertu de l'article 483 à toutes les contraventions prévues par le Code pénal (art. 483, dernier paragraphe), « l'article 463 du présent Code sera applicable à toutes les contraventions ci-dessus indiquées », les Tribunaux de simple police sont autorisés, même au cas de récidive, à réduire la peine à un jour d'emprisonnement ou un franc d'amende et même à substituer l'amende à l'emprisonnement (2).

---

(1) Cass. 4 août 1865 D. (66, 1, 96).

(2) Cass. 8 mai 1845, *B. Cr.* n° 103 ; 8 nov. 1849, D. (51, 5, 459) ; 18 nov. 1852, D. (53, 5, 351) ; 4 juin 1886, *B. Cr.* n° 201 ; Ortolan, t. II, n° 1661 ; Trébutien, p. 309 ; Villey, p. 483.

L'amende de simple police aura un maximum de 15 francs (art. 466, C. P.) ; le texte de la loi du 26 octobre 1888 à première vue, conduirait à décider qu'une amende de 3,000 francs pourrait être substituée à une amende de police ; il ne faut pas cependant s'arrêter à cette apparence, sous prétexte d'indulgence, le tribunal n'a pas à remplacer une peine de police par une peine correctionnelle (1) L'indulgence du juge de police ne peut pas descendre au-dessous du minimum des peines de simple police, fixé par l'article 466, c'est-à-dire un jour de prison et un franc d'amende (2).

Sous prétexte que les circonstances lui paraissent atténuantes, le juge ne pourrait pas acquitter l'inculpé (3), ni le condamner simplement aux dépens (4), ou bien en s'abstenant de prononcer la peine de l'emprisonnement contre le délinquant en état de récidive, lui infliger une amende supérieure à celle qui est encourue pour la contravention (5).

S'il y a plusieurs contraventions, comme autant d'amendes que de contraventions doivent être prononcées, la déclaration des circonstances atténuantes, même faite collectivement pour toutes les contraventions, n'a pas pour effet de réduire

---

(1) Garraud. *Précis de Droit criminel*, 5ᵉ édition, nᵒ 247, III.

(2) Cass. 12 nov. 1852, D. (1853, 5, 350). – Ch. et F. Hélie, t. VI, nᵒ 2733.

(3) Cass. 23 août 1839, *B. Cr.* nᵒ 280 ; 6 nov. 1840, S. (41, 1, 32), *B. Cr.* nᵒ 316.

(4) Cass. 1ᵉʳ juil. 1853, D. (53, 5, 346).

(5) Cass. 11 août 1860, D. (60, 5, 272).

toutes ces amendes à une seule, elle donne seulement le droit d'abaisser chacune d'elles au minimum légal un franc (1).

SECTION IV

Effets des circonstances atténuantes sur les peines accessoires et complémentaires.

La loi ajoute quelquefois aux peines principales criminelles, correctionnelles ou de simple police d'autres peines dites accessoires ou complémentaires. Les peines accessoires dont le but est d'assurer l'efficacité de la peine principale et de prévenir la récidive, « sont encourues de plein droit en vertu de la loi et viennent s'adjoindre à la peine principale pour la corroborer et pour en consacrer les effets (2). »

Ainsi les peines toujours accessoires sont : l'interdiction légale, la double incapacité de disposer et de recevoir à titre gratuit par donation ou par testament, l'assignation de résidence au condamné après prescription de la peine (art. 635 du Code d'instruction criminelle), quelques incapacités, comme celles d'être juré (loi du 21 novembre 1872, art. 2) ; la publicité par affiche des arrêts

---

(1) Cass. 5 nov. 1858, *B. Cr.* n° 530. —Chauveau et F. Hélie, t. VI, n° 2734 et suiv.

(2) Garraud. *Précis,* 5ᵉ édition, n° 159, — Bertauld, p. 247. — Ortolan, t. II, n° 1597 et suiv. — Villey, p. 440.

portant condamnation à une peine criminelle (Code pénal, art. 36).

Des peines comme la dégradation civique et le renvoi sous la surveillance de la haute police sont tantôt principales en tant qu'elles fonctionnent comme instrument direct de pénalité, et que pour être subies elles doivent être prononcées par le jugement ou l'arrêt de condamnation, tantôt accessoires, lorsqu'elles sont encourues, de plein droit en vertu de la loi.

Le juge par une déclaration de circonstances atténuantes n'acquiert aucun pouvoir de réduire ou de supprimer les peines accessoires ; s'il prononce telle peine principale, qu'il le veuille ou non, les conséquences pénales inhérentes à cette peine principale se produisent toujours. Ainsi la réclusion entraînera comme cortège nécessaire la dégradation civique, l'interdiction légale, l'affichage de l'arrêt de condamnation. D'autre part, si la peine principale n'est pas encourue, la peiné accessoire ne sera pas appliquée ; pour une peine temporaire, remplaçant une peine perpétuelle, le condamné ne sera pas frappé de la double incapacité de la loi du 31 mai 1854 (1).

Les peines complémentaires tiennent le milieu entre les peines accessoires et les peines principales : comme les premières, elles sont le complément d'autres peines et ne sont jamais encourues

---

(1) Dalloz, J. G. *Supplément* — Peine, n° 563. — Garraud, tome II, n° 159. — Villey, p. 483 et suiv.. Trébutien, p. 309.

seules ; comme les secondes elles doivent être prononcées d'une façon formelle par le juge et sont attachées non à certaines peines, mais à certains délits. Telles sont : l'interdiction des droits civiques, civils et de famille édictée par l'article 42 ; l'amende en matière criminelle, l'interdiction de séjour en matière correctionnelle, la confiscation spéciale, la réparation dont parle les articles 226 et 227. La relégation devant être prononcée pour être subie, a aussi le caractère de peine complémentaire (1).

Aucune règle générale n'étant susceptible de s'appliquer à ces différentes peines, nous allons étudier vis-à-vis de chacune d'elles l'effet d'une déclaration de circonstances atténuantes.

Tout d'abord la loi place à côté de la peine afflictive ou infamante de certains crimes une peine d'amende (art. 164, 172, 174, 177, 181, 437 et 440 du Code pénal). Dans ces hypothèses, pour que l'amende soit encourue, le juge doit la prononcer et telle que la loi l'édicte (2). D'une part, en effet, la déclaration du jury qu'il y a des circonstances atténuantes n'enlève pas au fait le caractère de crime et d'autre part l'article 463 ne donne pas au juge en matière criminelle la faculté de remettre l'amende. Ils ont bien en vertu de cet article, le droit d'abaisser la peine principale d'un ou de deux degrés, mais ils ne peuvent pas,

----

(1) Garraud. Précis, 5e édition, n° 159.
(2) Cass , 23 septembre 1880, D. (81, 1, 489).

comme la loi le confère aux juges correctionnels, prononcer séparément l'une ou l'autre de ces deux peines corporelles et pécuniaires ; l'amende restant donc dans les termes de la disposition qui l'édicte, il ne leur est pas facultatif de supprimer l'amende pour crime de faux par exemple ou de la réduire au-dessous du minimum de 100 francs fixé par la loi. En matière correctionnelle ou de simple police, un doute ne serait pas possible à ce sujet puisque l'article 463 fait rentrer la peine de l'amende dans son cadre d'atténuation (1).

Un individu poursuivi devant la Cour d'appel de Pondichéry pour crime de faux, s'étant vu dispenser de l'amende prévue par l'article 164 du Code pénal en vertu d'une déclaration de circonstances atténuantes. L'arrêt fut cassé par la Cour de Cassation (2).

Peu importe, en outre, que le faussaire soit puni seulement de peines correctionnelles, la généralité de l'article 164 ordonne de prononcer une amende contre les coupables de faux et l'abaissement de la peine en vertu de l'article 463 n'enlève pas au fait constant le caractère de faux (3).

L'amende doit donc toujours être prononcée, sauf toutefois dans le cas où la condamnation est

---

(1) Dalloz, J. G. *Faux*, p. 428-429. *Supplément*, n° 385. — Ortolan, tome II, p. 1663. Blanché, t. VI, n° 684.

(2) Cass., 23 septembre 1880, D. (81, 1, 489). — Cass., 27 mai 1881, D. (81, 5, 210).

(3) Dalloz, J. G. *Faux*, p. 428. Cass., 26 décembre 1835.

intervenue, non-seulement pour crime de faux, mais aussi pour un autre crime en même temps poursuivi et dont la peine a été seule appliquée comme la plus forte en vertu de l'article 365 du Code d'instruction criminelle (1).

Le renvoi sous la surveillance de la haute police, remplacé par l'interdiction de séjour (loi du 27 mai 1885, art. 19), est à la fois une peine soit accessoire, soit complémentaire, soit principale.

Considérée comme peine accessoire, elle a été modifiée par la loi du 23 janvier 1874. Aux termes de l'ancien article 47 Code pénal (texte 1832), la surveillance à vie était encourue de plein droit par les condamnés à des peines afflictives temporaires : les travaux forcés à temps, la détention, la réclusion, et en cas de commutation ou de remise, ou de prescription de peine perpétuelle, s'il n'en avait été décidé autrement. C'était à la peine principale que la loi attachait, directement et comme accessoire obligé, la surveillance, sans se préoccuper de la durée et de la gravité de cette peine, pas plus que de la nature et des circonstances du crime pour lequel elle était encourue ; de telle sorte que le Code soumettait au même régime, pour toute leur vie, des individus qui, en droit et en fait étaient dans des situations bien différentes. De plus, les condamnés au bannisse-

---

(1) Cass., 7 juillet 1854. D. (54, 5.379). 10 mai 1855. D. (55, 5 224). 16 février 1860. D. (60, 5.273). 25 août 1870. B. cr. n° 165.

ment encouraient la surveillance de plein droit pour un temps égal à celui de la peine principale (1). Dans ces cas, la déclaration de circonstances atténuantes n'avait aucun effet sur l'application de la surveillance.

La loi du 28 janvier 1874 (art. 46, § 2 et 3, et 47, § 1, C. P.), lui a laissé son caractère accessoire pour les mêmes peines, mais elle l'a rendue facultative et temporaire. En aucun cas, la durée de la surveillance ne pourra excéder 20 années (art. 46, § 1). « Néanmoins, dit l'article 46, § 3, l'arrêt ou le jugement de condamnation pourra réduire la durée de la surveillance ou même déclarer que les condamnés n'y sont pas soumis. » Cette peine est ainsi restée accessoire, en ce sens que dans le silence de l'arrêt ou du jugement, sur sa remise ou sa réduction, elle accompagnerait de plein droit les peines afflictives temporaires indiquées plus haut (2) ; elle devient facultative par cette raison que le jugement peut, en présence des mêmes peines afflictives temporaires, réduire la durée de la surveillance au-dessous de son maximum, et même en exempter le condamné sans qu'il soit besoin de circonstances atténuantes. Et pour que cette faculté nouvelle ne reste pas lettre morte, l'article 478 décide que : « Si l'arrêt ou le jugement ne contient pas dispense ou réduction de la sur-

---

(1) Villey. p. 458 et suivantes.
(2) Dalloz, J. G., *Supplément. Peine*, n° 695. — Garraud, tome I, n° 526.

veillance, mention sera faite à peine de nullité, qu'il en a été délibéré. » Toutes ces dispositions sont applicables à l'interdiction de séjour (1). L'article 46, § 4, décide que « tout condamné à des peines perpétuelles qui obtiendra commutation ou remise de sa peine, sera, s'il n'en est autrement disposé par la décision gracieuse, de plein droit sous la surveillance de la haute police pendant 20 ans ; l'article 48, § 4, édicte la même pénalité au cas de prescription de peine perpétuelle ; la Cour, même, en déclarant des circonstances atténuantes, ne pourrait pas, lorsqu'elle prononce une peine afflictive perpétuelle, dispenser le condamné de cette surveillance (aujourd'hui interdiction de séjour), ni inversement le condamner à 2) ans de surveillance dans l'éventualité d'une commutation de peine (2).

Comme peine complémentaire, le renvoi sous la surveillance de la haute police ou l'interdiction de séjour est édictée dans certains cas. Elle dépend alors de la nature de l'infraction et non· de la nature de la peine ; elle ne frappe le coupable que si elle est judiciairement prononcée ; son omission dans le jugement la rendrait donc inapplica-. ble (3). Elle devient ainsi peine complémentaire

---

(1) En ce sens : Cass., 15 avril 1885, D. (86, 1, 227). — Les deux peines dit la Cour, ne diffèrent que par le mode de désignation des lieux où il est interdit au condamné de paraître ; elles sont prononcées pour les mêmes, causes, dans les mêmes conditions, pour la même durée et sous la même sanction.

(2) Cass., 27 mars 1880, D. (80, 1, 440). 21 juin 1839, D. (90, 1, 284).

(3) Dalloz, J. G. *Supplément. Peine,* n° 677. Blanche, t. I, n· 186.

des crimes et délits contre la sûreté intérieure ou extérieure de l'Etat (art. 49), des délits de vagabondage et de mendicité accompagnés des circonstances aggravantes énoncées aux articles 277 à 281 et des délits prévus par les articles 57, 58, 246, 271, 305 et suivants, 401, etc., délits pour lesquels l'article 50 a posé le principe que « les condamnés ne seront placés sous la surveillance de la haute police de l'Etat que dans les cas où une disposition particulière de la loi l'aura permis. » On s'est demandé, si dans ces hypothèses, les articles 46 et 47 qui investissent les juges du droit de réduire l'interdiction de séjour ou de la remettre par rapport aux matières criminelles, donnaient ce même pouvoir aux juges correctionnels ? Ont-ils, en présence même de termes impératifs (art. 271 et 282) la faculté de réduire la durée de l'interdiction de séjour ou bien celle de ne pas la prononcer du tout ? Le législateur de 1874 ayant permis aux juges criminels de dispenser de cette peine les coupables qu'ils ne croient pas dangereux, il serait naturel d'accorder aux tribunaux correctionnels la même faveur ; mais comme en somme il a fallu une disposition spéciale de la loi du 27 mars 1891 (art. 57 et 58 actuels) pour donner à l'interdiction de séjour le caractère de peine facultative ; le législateur de 1874 ne paraît pas avoir adopté en matière correctionnelle la même solution (1). Du

---

(1) Garraud. Précis, 5ᵉ édition, nᵒ 202.

reste, sans s'arrêter à cette explication, les tribunaux ont toujours un moyen légal d'écarter l'interdiction de séjour en matière correctionnelle, par une déclaration de circonstances atténuantes. L'article 463 permettant, en effet au juge, d'abaisser la peine principale jusqu'au minimum des peines de police, lui confie implicitement la faculté de supprimer des peines complémentaires communes aux matières criminelles, correctionnelles, mais incompatibles avec les peines de simple police (1).

Les tribunaux correctionnels possédant ainsi toute latitude d'appréciation pour écarter l'interdiction de séjour par une déclaration de circonstances atténuantes, sont maîtres aussi de réduire cette peine au-dessous du minimum fixé par chaque article de loi. Pourquoi cette peine ne serait-elle pas variable suivant les degrés de la culpabilité. On peut arguer en ce sens des lois du 10 avril et 24 mai 1834 sur les associations et les détenteurs d'armes, qui autorisent à la prononcer de 1 mois à 2 ans, et d'un arrêt de cassation ainsi formulé : « Attendu que l'article 463 autorise les cours et tribunaux, lorsqu'ils reconnaissent en faveur des prévenus des circonstances atténuantes, non seulement à réduire la peine d'emprisonnement et d'amende au-dessous du

---

(1) Ch. et F. Hélie, tome VI, n° 2700. — Blanche, tome I, n° 202. — Garraud, tome II, n° 159. — Ortolan, tome II, n° 1665. — Cass., 26 juin 1838. — Dalloz. J. G. Peine, 602, n° 2 ; 15 juillet 1881. B. cr., n° 177 ; 21 janvier 1886, 19 février 1886. — Dall., Supp., n° 582.

minimum fixé par la loi, ou à les prononcer séparément, mais encore à abaisser la condamnation jusqu'aux peines de simple police ; que cette disposition est générale, qu'elle s'applique à tous les délits et peines, prévus par le C. P., que l'article 11 C. P. fait figurer la surveillance de la haute police au nombre des peines correctionnelles, qu'elle peut, comme toute autre peine, être modifiée dans sa durée par l'effet des circonstances atténuantes » (1). Et en fait, la loi n'a pas fixé le minimum légal de la durée de l'interdiction. C'est un point reconnu par M. le Garde des sceaux dans sa **circulaire** du 21 février 1874, bien qu'il **se fonde** sur l'esprit de la loi pour recommander aux magistrats de ne pas assigner à la surveillance une durée inférieure à deux ans.

Les juges pourront donc réduire l'interdiction à une durée aussi courte que bon leur semblera par exemple un mois. Quant à l'interdiction des droits mentionnés en l'article 42, la jurisprudence reconnaît aux tribunaux le droit d'en dispenser les condamnés, en vertu d'une déclaration de circonstances atténuantes. Elle invoque les mêmes motifs qu'en faveur de l'interdiction de séjour : l'article 463 permettant de réduire, en effet, les peines correctionnelles au minimum des peines de simple police, emporte nécessairement l'affran-

---

(2) Cass , 9 septembre 1853 S. (54, 1, 215). — Dalloz, Peine, 694.

chissement pour le condamné, des peines incompatibles avec celles de simple police (1).

Le silence de l'article 463 n'autorise pas, cependant, les tribunaux à exempter le condamné de la confiscation spéciale (articles 11, 464, 470), peine commune aux matières criminelles, correctionnelles et de police. Aussi la déclaration de circonstances atténuantes n'empêcherait pas d'appliquer une mesure dont le but même, est le plus souvent de mettre hors du commerce, une chose nuisible et dangereuse par sa circulation (2).

Dans cette hypothèse, la confiscation est faite à un titre de mesure de police. Il pourrait en être autrement, si, comme il arrive souvent la confiscation était ordonné à titre de mesure pénale, de s::pplément de peine, il n'y a, en effet, aucune raison de refuser aux tribunaux de réduire ou d'écarter une confiscation purement pénale (3).

Ainsi nous avons déjà vu qu'une loi du 2) mars 1897 (art. 19 de la loi de finances), contient des dispositions spéciales à l'égard de l'application des circonstances atténuantes aux amendes et confiscations en matière de contributions indirectes.

En matière de contributions indirectes et par application de l'article 463 Code pénal, si les cir-

---

(1) Cass. 12 sep. 1846, D. (46, 1, 371). — Blanche, t. VI, n° 702. — Garraud, t. II, n° 159, — Villey, p. 484, — Ortolan, t. II, 1665.

(2) Ch. et F. Hélie, t. VI, n° 2708. — Cass. 27 sept. 1833, S. (34, 1, 107). — Blanche, t. VI, n° 702. — Bertauld, p. 413, Villey, p. 484.

(3) Dalloz. Supp. Peine 582.

constances paraissent atténuantes, les tribunaux sont autorisés, lorsque la bonne foi du contrevenant sera dûment établie et en motivant expressément leur décision sur ce point, à modérer le montant des amendes et à le libérer de la confiscation, sauf pour les objets prohibés, par le paiement d'une somme que le tribunal arbitrera et qui ne pourra en aucun cas être inférieure au montant des droits fraudés. Contrairement au droit commun primitif de cette matière, comme nous l'avons indiqué, page 86 et 87 (art. 39 du décret de germinal an XIII), les circonstantes atténuantes sont admises pour les délits fiscaux aux lois des contributions indirectes, en vertu de la loi du 21 juin 1873, introduisant la théorie des circonstances atténuantes pour la peine d'emprisonnement, prévu par l'article 12 de la loi du 28 avril 1816 et articles 12 et 14 de la loi du 21 juin 1873, en vertu de la loi du 30 mars 1833 (art. 42), complétée par la loi du 26 décembre 1890 (art. 12) étendant ce bénéfice aux amendes fiscales et enfin en vertu de la loi précitée du 29 mars 1897 (art. 19) l'étendant à la confiscation spéciale. Il résulte de cette dernière disposition que les circonstances atténuantes peuvent modifier l'application de la confiscation spéciale, c'est-à-dire de la confiscation pénale, qui porte sur un objet dont la possession par un particulier est licite (confiscation des sels et boissons non prohibés) et qui est l'équivalent d'une amende acquittée en nature ; mais non l'application de la confiscation mesure de police, dont le but est de retirer de la circulation un objet nuisible ou dangereux, ou dont la possession est illicite: confiscation d'ustensiles ou matières propres à la fabrication des allumettes, loi du 28 juillet 1875, (art. 2 et 3), instruments servant à la fabrication des cartes à jouer, loi du 28 avril 1816 (art. 166), détention par un particulier sans autorisation de plus de deux kilogrammes de poudre, loi du 24 mai 1834 (art. 2). Les circonstances atténuantes autorisées par l'article 19 de la loi du 27 mars 1897, diffèrent de la théorie générale en ce qu'elles ne peuvent être accordées en matière de récidive spéciale, état temporaire limité à 3 ans et que la déclaration doit être motivée ; le juge est obligé de proclamer la bonne foi du contrevenant, c'est-à-dire son ignorance de la loi violée.

L'effet des circonstances atténuantes sur la confiscation spéciale, est de lui substituer une amende dont la loi fixe le maximum au montant des droits fraudés (1).

Enfin la relégation, peine appliquée aux récidivistes par la loi du 27 mai 1885, a un caractère à part. Elle ressemble aux peines complémentaires parce qu'elle doit être prononcée pour être encourue, et aux peines accessoires, parce que le juge ne peut se dispenser de l'admettre lorsque le condamné se trouve dans les conditions exigées par la loi. L'article 4 de la loi du 27 mai 1885, prévoit

---

(1) Thisse. Commentaire de la loi du 29 mars 1897. Lois nouvelles, 1er juillet, par E. Schaffhauser, p. 265.

les quatre cas dans lesquels la relégation doit être prononcée.

Le premier cas se compose de deux condamnations aux travaux forcés ou à la réclusion.

Le second se compose de trois condamnations savoir : une aux travaux forcés ou à la réclusion et deux à plus de trois mois de prison pour crimes ou pour certains délits spécifiés.

Le troisième se compose de quatre condamnations à plus de trois mois de prison pour crimes ou pour délits spécifiés.

Le quatrième est constitué par sept condamnations à l'emprisonnement.

Dans les paragraphes 2 et 3, on trouve deux fois ces mots « condamnations à l'emprisonnement pour faits qualifiés crimes ».

Deux condamnations de cette nature jointes à une condamnation à la réclusion ou aux travaux forcés à temps ou bien quatre condamnations de cette nature entraînent la relégation. On s'est demandé ce qu'il fallait entendre par ces expressions. Elles s'appliquent, en effet, à des situations différentes : un fait qualifié crime peut être puni de l'emprisonnement par suite de circonstances atténuantes, dans ce cas la peine ne pourra jamais être inférieure à un an de prison (C. P. art. 463) et c'est ce qui explique pourquoi le législateur n'a pas fixé un minimum de condamnation, comme il le fait, pour les autres délits spécifiés.

Mais un crime peut être puni aussi de peines correctionnelles par suite de l'effet d'une excuse légale, excuse de provocation ou de minorité par exemple. Dans ce cas la peine peut descendre à 6 mois de prison (art. 326) et même être inférieure à ce chiffre, si l'excuse légale concourt avec une déclaration de circonstances atténuantes (1).

Il est difficile cependant de douter que le texte ne s'applique pas à la première situation, c'est la seule à laquelle le législateur paraît avoir songé, quant à la seconde, si on admet que le crime excusé reste un crime, le texte de la loi s'applique puisqu'il y a « condamnation à l'emprisonnement pour fait qualifié crime », mais si l'on admet comme nous l'avons déjà indiqué (2), que le crime excusé cesse d'être un crime et devient un délit, la relégation ne sera pas encourue quelque longue que soit la durée de la peine prononcée, puisqu'il s'agit d'un délit non spécifié. Le crime atténué rentre donc dans le cadre des paragraphes 2 et 3, tandis que le crime excusé en est exclu (3).

D'autres procédés pourront être employés au moins pour écarter la relégation.

1) En atténuant la peine pour les mineurs de 21 ans, de telle sorte qu'elle expire avant la majorité spéciale édictée par la loi de 1885 (art. 6).

2) S'il s'agit d'un récidiviste qui aura bientôt 60 ans, en forçant la peine dont la libération tombera au-delà de 60 ans.

---

(1) Voir infra, p. 163 et suiv.
(2) Supra, chapitre II.
(3) Garraud, Précis, n° 322

3) En supprimant les circonstances aggravantes; ce qui convertira le crime en délit, et la condamnation prononcée ne sera comptée en vue de la relégation que si elle remplit les conditions exigées des condamnations pour délit.

4) En accordant des circonstances atténuantes qui réduiraient les peines à des proportions telles qu'elles ne rempliraient plus les conditions énumérées par l'article 4.

De plus, la relégation étant une peine accessoire perpétuelle, dont les effets sont seulement écartés par une grâce administrative et judiciaire, ne pourrait pas être réduite, en vertu de l'article 463, par le tribunal qui la prononce à une durée moindre.

Toutefois la relégation, peine obligatoire pour le juge dans ces hypothèses que nous avons examinées, devient facultative dans les cas prévus par les lois du 12 décembre 1893 et 28 juillet 1894 (art. 3), sur les anarchistes; elle est ainsi susceptible d'être écartée sans déclaration préalable de circonstances atténuantes.

CHAPITRE VI

**Concours des circonstances atténuantes
avec des causes d'aggravation ou d'atténuation
des peines.**

Dans une même infraction, il n'est pas impossible de rencontrer à la fois des causes d'aggravation de peine, telles que la récidive ou la qualité de fonctionnaire et des causes d'atténuation, telles que les excuses de provocation, de minorité ou les circonstances atténuantes. Il est naturel que chaque circonstance conserve son caractère atténuant ou aggravant, sans que l'une soit exclusive de l'autre. Cependant le juge se trouvera souvent embarrassé pour combiner les éléments contradictoires d'une même infraction, et appliquer une peine exacte ; le législateur n'a pas toujours indiqué d'une façon formelle, l'ordre à suivre dans la prononciation de la peine, soit au cas de concours de circonstances atténuantes et de la récidive, soit au cas de concours de circonstances atténuantes et d'excuses, soit, enfin, au cas d'une combinaison de circonstances atténuantes, d'excuses et de récidive. Nous allons considérer séparément ces différentes hypothèses.

I. — CONCOURS DES CIRCONSTANCES ATTÉNUANTES ET DE LA RÉCIDIVE.

Le législateur avait prévu ce concours puisqu'il décide, dans les articles 463 et 483 C. P. et dans l'article 341 C. Inst. crim., que le bénéfice des circonstances atténuantes pourra être appliqué, même en cas de récidive. Aussi, lorsqu'un récidiviste obtient des circonstances atténuantes, la question se pose de savoir si les juges doivent aggraver la peine pour cause de récidive avant de l'atténuer pour cause de circonstances atténuantes, ou au contraire l'atténuer avant de l'aggraver? Suivant que la Cour commencera par l'une ou l'autre de ces opérations, la peine sera différente.

Ainsi, un individu déjà condamné à une peine criminelle, à la réclusion, commet un nouveau crime de nature à entraîner les travaux forcés à temps, les circonstances atténuantes lui sont accordées. D'après un premier procédé, si la Cour aggrave d'abord la peine à raison de la récidive, elle doit la porter, en vertu de l'article 56 C. P., au maximum des travaux forcés à temps, c'est-à-dire à 20 ans, et même jusqu'au double de ce maximum ; l'atténuation pour cause de circonstances atténuantes venant ensuite, la Cour prononcera le minimum des travaux forcés ou facultativement la réclusion. Si, au contraire, elle commence par atténuer au lieu d'aggraver, use-t-elle de l'abaissement obligatoire, la peine sera la réclusion, et la récidive l'aggravant ensuite, la ramènera aux travaux forcés à temps, que la Cour pourra prononcer dans les limites du minimum au maximum, de telle sorte que l'accusé sera, au minimum, condamné à cinq ans de travaux forcés ; profite-t-elle de l'abaissement facultatif, la peine sera réduite aux dispositions de l'article 401 et les articles 57 et 58 C. P. réglant la matière, porteront la peine, pour cause de récidive, au maximum de la peine portée par la loi et facultativement jusqu'au double du maximum.

Un repris de justice commet un nouveau crime passible de la réclusion et obtient le bénéfice des circonstances atténuantes. Si la Cour aggrave d'abord pour cause de récidive, la peine montera aux travaux forcés à temps qui seront convertis, par suite de l'application de l'article 463, en réclusion ou en peines correctionnelles de l'article 401, jusqu'à un minimum de deux ans ; si la Cour atténue au lieu d'aggraver, la peine descendra forcément aux dispositions de l'article 401, que la récidive portera nécessairement au maximum, cinq ans et même jusqu'au double.

Le second crime est-il puni de la dégradation civique ou du bannissement, si l'on aggrave avant d'atténuer, le minimum de la peine encourue sera d'un an de prison ; si l'on suit la marche inverse, l'atténuation avant l'aggravation, le minimum sera cinq ans.

Le résultat ainsi obtenu en employant l'une ou l'autre de ces méthodes est bien différent ; aussi est-il utile de déterminer laquelle des deux a reçu l'approbation du législateur.

La question se rattache à l'interprétation des articles 57 et 58 revisés par la loi du 13 mai 1863, les modifications de textes, opérées par la loi du 26 mars 1891 dans ces articles, laissent la question entière.

Antérieurement à la revision de 1863, sous l'empire de la loi de 1832, il était de doctrine et de jurisprudence que les circonstances atténuantes devaient toujours agir sur la peine aggravée par la récidive (1). Lorsque la cause présente à la fois des circonstances aggravantes, des excuses et des circonstances atténuantes, dit M. Ortolan (1), voici dans quel ordre le juge doit opérer : Il doit se reporter à la peine édictée par la loi contre le crime ou délit à l'état normal ; l'augmenter à raison des circonstances aggravantes constatées ; opérer sur cette peine ainsi aggravée, la réduction voulue par les excuses ; sur la peine ainsi délimitée, effectuer l'abaissement motivé par les circonstances atténuantes. Une telle solution ne résultait-elle pas de la rédaction des articles 341

---

(1) Ortolan, tome II, n° 1666. — Crim., Cass., 24 mars 1854. — Bull. cr., n° 84. — Cass., 15 janvier 1857, D. (57, 1, 129). — Trébutien, p. 298-299.

C. Inst. Cr. et 463 C. P. ; c'est ce qu'entendait le
législateur de 1832 lorsqu'il expliquait, par l'or-
gane du rapporteur, M. Dumon, que le système
des circonstances atténuantes était appelé à « résoudre dans la pratique la plus forte objection
contre la théorie de la récidive. Qu'importe, ajou-
tait-il, que la récidive ne procède pas toujours
d'un progrès d'immoralité et par conséquent ne
mérite pas toujours une aggravation de peine,
si dans les cas privilégiés l'admission des circonstances atténuantes écarte cette aggravation » (1).

Toutefois, depuis la promulgation de la loi du
13 mai 1863, la question n'est plus aussi simple.
Il semblait résulter de la lecture des articles 57 et
58 que les circonstances atténuantes devaient
fonctionner avant la récidive. Les articles 57 et 58
de 1863, prévoyant, en effet, le cas où un individu
ayant été condamné pour crime ou délit à plus
d'une année d'emprisonnement aurait commis
depuis « un crime qui devra n'être puni que de
peines correctionnelles » ou « un crime qui devra
être puni de l'emprisonnement » (loi de 1891), et le
rapporteur de la loi appliquant ces expressions
aussi bien au cas de crime atténué qu'à celui de
crime excusé, on pouvait admettre que l'atténuation due aux circonstances atténuantes interve-
nait avant l'aggravation résultant de la récidive.
La jurisprudence de la Cour de Cassation de 1864

____

(1) Dalloz. Supp. Peine, n° 520.

à 1866 se prononça en ce sens ainsi que plusieurs auteurs (1). Cependant les partisans de ce système, s'efforçaient d'en corriger les vices en attribuant à la Cour le droit d'accorder de son côté des circonstances atténuantes, lorsque la nouvelle infraction comportait la peine de la réclusion, de la détention, du bannissement ou de la dégradation civique. A leur avis, les articles 57 et 58 Code pénal, impliquent l'exercice au premier degré, du droit d'atténuation, mais la Cour conserve la faculté d'user à son tour du second degré, la peine étant celle de l'emprisonnement, et le paragraphe 7 de l'article 463 permettant au juge d'appliquer l'article 401, sans toutefois réduire la peine au-dessous d'un an. L'aggravation des articles 57 et 58 dans ces hypothèses devenait facultative. Il en était autrement quand la deuxième infraction était punie de travaux forcés à temps ; la Cour ne pouvait prononcer une peine inférieure à cinq ans de prison parce qu'elle avait épuisé son pouvoir d'atténuation en descendant la peine de deux degrés (2). Ce tempérament fut adopté par l'arrêt du 15 septembre 1864.

Quoi qu'il en soit, la Cour suprême est revenue depuis 1866, à sa première jurisprudence « Les modifications apportées à la condamnation, a-t-

(1) Cass., 26 mars 1864, S. (64, 1, 146). D. (64, 1, 197). 15 septembre 1864, S. (65, 1, 101). Chauvau et F. Hélie, *Op. cit.*, tome I, n° 224 et suiv. — Blanche, *Eludes pratiques*, tome VI, 685, 690.

(2) Bertauld. *Revue critique*, tome XXIII, p. 393 et suiv., reproduisant le système de Ch. et F. Hélie, tome I, n° 225.

elle dit dans plusieurs arrêts, par l'effet des circonstances atténuantes, s'appliquent à la peine
édictée par la loi ; or, la peine édictée, doit s'entendre de celle qu'emporte le fait reconnu constant, aggravé le cas échéant par l'état de récidive
lequel constitue un élément pénal préexistant à la
déclaration du jury et identifié au titre de l'accusation, de sorte que la modification résultant des
circonstances atténuantes, ne s'applique qu'à la
peine ainsi déterminée » (1). Toutefois deux arrêts
de la cour de cassation, 22 fév. 1877 et 3 juillet
1890, semblent démontrer que la jurisprudence
de 1864 n'a pas été abandonnée sans retour. Il y
est dit, comme dans les décisions rendues à cette
époque, qu'en employant ces mots « crime qui
devra n'être puni que de peines correctionnelles »
la loi a entendu viser tous les cas, où le fait qualifié crime par l'accusation, ne devient passible
que de peines correctionnelles, soit que ce résultat ait été obtenu par l'admission d'un fait d'excuse, ou par le rejet de circonstances aggravantes,
soit qu'il ait été produit par la déclaration de circonstances atténuantes (2). La Cour de cassation
admettrait ainsi l'aggravation de la récidive, avant
l'atténuation de l'article 463, en ce qui concerne
les cas de l'article 56 Code pénal, la récidive de

____

(1) Cass., 5 avril 1866, S. (67, 1, 48) ; 15 mai 1874, S. (75, 1, 95) ; 24 janv.
1877, D. (77, 1, 357) ; 9 juin 1877, S. (78, 1, 281) ; 3 juillet 1879, D. (79, 1,
488) ; 3 juillet 1884, D. (86, 1, 96) ; 23 août 1888, D. (89, 1, 88).

(2) Cass. 22 fév. 1877. Bull. cr., n° 60, 3 juillet 1890, Paul Franc, 91, 1250
et la note de M. Ga+ckler.

peine criminelle à peine criminelle et ferait passer au contraire l'atténuation avant l'aggravation dans les hypothèses des articles 57 et 58.

Cependant il est difficile d'admettre qu'il y ait deux manières d'appliquer les règles de la récidive, l'une à l'usage des art. 57 et 58, l'autre à l'usage de l'art. 56. Du reste, c'est en termes généraux que les arrêts signalés se sont prononcés et, notamment l'arrêt du 24 janvier 1877, dans une espèce, où il y avait lieu d'appliquer, soit l'article 57, soit l'article 56, selon que la cour déciderait que l'action des circonstances atténuantes devait précéder ou suivre l'aggravation résultant de la récidive. De plus, nulle part, le législateur de 1863 n'a dit expressément qu'il voulait détruire la règle, antérieurement admise, d'après laquelle la récidive produisait effet avant les circonstances atténuantes. « Nous sommes, dit M. Labbé, en présence d'un texte qui comporte plusieurs interprétations. Ne devons nous pas opter pour celle qui respecte les principes ou qui s'en écarte le moins possible? Un texte impératif et sans ambiguité, découlât-il d'une erreur de doctrine, enchaînerait notre liberté, mais tel n'est pas le caractère des dispositions sur lesquelles nous discutons » (1). La loi de 1863 offrait elle-même un argument en faveur du maintien de cette règle en proclamant dans l'article 463 *in fine* ; « Si la peine prononcée par la loi, soit à raison de la na-

---

(1) Labbé. Revue critique, t. XXIV, p. 321.

ture du délit, *soit à raison de l'état de récidive du prévenu*, est telle pénalité, les circonstances atténuantes modifient la peine de telle manière ». De ce texte résultait ainsi qu'au cas de récidive, les circonstances atténuantes opéraient en dernier lieu ; d'autres articles n'indiquent-ils pas aussi clairement que l'aggravation de la récidive précède de l'atténuation des circonstances atténuantes : lorsque le législateur dit dans l'article 841, C. Inst. cr. « En toute matière criminelle, *même en cas de récidive*, le président… avertit le jury que s'il pense à la majorité, qu'il existe en faveur d'un ou de plusieurs accusés reconnus coupables, des circonstances atténuantes, il doit en faire la déclaration », et dans l'article 463 *in fine* « Dans tous les cas où la peine de l'emprisonnement et celle de l'amende sont prononcées par le Code pénal, si les circonstances paraissent atténuantes, les Tribunaux sont autorisés *même en cas de récidive* ».

Au reste l'opinion contraire, comme le démontre M. Labbé (1), conduit à des solutions bizarres et bouleverse dans le Code la graduation proportionnelle des peines et des infractions ». Un individu déjà condamné pour un délit à une peine supérieure, à une année d'emprisonnement, commet un crime qui l'expose à la dégradation civique. Si le jury lui refuse les circonstances atténuantes, il n'encourra au plus que la dégradation civique et 5 ans de prison (art. 35 du Code pénal),

----

(1) Labbé. *Revue critique*, t. XXIV, idem.

car il n'y a pas récidive de délit à crime. Mais le jury reconnaît-il des circonstances atténuantes, la Cour en présence de cet état de récidive aurait alors la faculté de prononcer 10 ans d'emprisonnement, 500 francs d'amende, 10 ans d'interdiction de droits mentionnés en l'article 421 et 10 ans d'interdiction de séjour.

C'est pourquoi il convient d'approuver la solution la plus conforme aux principes qui ont inspiré le législateur en organisant les circonstances atténuantes. Le but des circonstances atténuantes indique assez qu'elles doivent opérer sur une peine fixée d'une manière abstraite et légale, puisque le législateur de 1832 les a destinées à corriger, par une appréciation de conscience, les imperfections de la loi, notamment en matière de récidive. « Les juges apprécient la loi avant de l'appliquer, dit M. Garraud. Or, les circonstances atténuantes pouvant précisément être accordées par les juges pour amener une atténuation des peines établies *a priori* par la loi contre le crime et contre le récidiviste, doivent fonctionner dans le règlement de la pénalité après la récidive » (1). De cette façon, en matière correctionnelle ou de simple police, l'aggravation de peine résultant de la récidive devient facultative pour le juge, puisqu'il a toujours le pouvoir de l'effacer par une déclaration de circonstances atténuantes.

____

(1) Garraud, tome II, n° 162. — En ce sens, Ortolan, tome II, n° 1666 bis. — Villey. *Précis*, p 499-50)-531. — Bertauld, 465 et suiv.

II. — Concours des excuses atténuantes
et des circonstances atténuantes.

Lorsqu'à propos d'une même infraction on admet des circonstances atténuantes et l'excuse légale de provocation, il y a deux atténuations à faire supporter à la peine, aussi est-il pratique de se demander dans quel ordre le juge doit opérer ? Il n'est pas indifférent d'employer en premier lieu l'une ou l'autre de ces causes d'atténuation. Ainsi, un individu est poursuivi à raison d'un meurtre, le jury répond affirmativement, mais admet l'excuse de provocation ainsi que des circonstances atténuantes. Si la Cour réduit d'abord, par suite des circonstances atténuantes, la peine du meurtre : les travaux forcés à perpétuité seront changés en travaux forcés à temps ou en réclusion ; l'effet de l'excuse intervenant ensuite, le juge devra prononcer un emprisonnement correctionnel de 6 mois à 2 ans (art. 326). Au contraire, commence-t-on par tenir compte de l'excuse atténuante, la Cour prononcera d'abord l'emprisonnement de 1 à 5 ans, qu'elle pourra réduire ensuite en vertu des circonstances atténuantes, à un emprisonnement de police, et même y substituer une amende. Que faut-il décider ? La jurisprudence et la doctrine sont d'accord pour décider qu'un meurtre reconnu excusable par le jury ne constitue plus, en réalité, l'homicide volontaire de l'article 304 *in fine*, puni des travaux forcés à perpétuité, mais un tout indivisible dont les éléments ne pourraient être scindés pour autoriser d'abord une modification de la peine du meurtre excusable telle qu'elle résulte de l'article 326, et soumettre ensuite ce crime, devenu passible des travaux forcés à temps ou de la réclusion, à une seconde atténuation dérivant de l'excuse de provocation. Après avoir déterminé la peine du meurtre excusable, il faut donc appliquer la disposition de l'article 463 (1). Il est à remarquer ici que le jury, en déclarant le crime excusable, le réduit légalement à un fait qui n'est plus puni que de peines correctionnelles, le change en délit par conséquent, et cesse d'être compétent pour statuer sur l'existence des circonstances atténuantes ; la Cour est seule juge de les admettre ou non.

L'article 69 C. P. mesurant la peine applicable au mineur de 16 ans sur « celle à laquelle il aurait pu être condamné s'il avait eu seize ans », permet donc de lui accorder des circonstances atténuantes, indépendamment de l'excuse de minorité. Cette disposition semble indiquer en même temps l'ordre de la double atténuation. Le juge ne doit-il pas d'abord fixer la peine qu'aurait encourue, dans les mêmes conditions un majeur, et à cet effet, apprécier non seulement le fait principal, mais toutes les circonstances qui l'aggravent ou

---

(1) Cass., 20 juin 1867, S. (68, 1, 140). — Cass., 5 mai 1881, S. (81, 1, 332) ; 7 avril 1887, Bull. cr., n° 135. — Villey. *Précis*, p. 487. — Bertauld, p. 415-416.

l'atténuent, et appliquer en dernier lieu les dispositions des articles 67 et suivants. C'est la solution
de la Cour de cassation, qui paraît admettre dans
l'application à faire de la peine à un mineur de
seize ans, auquel des circonstances atténuantes
sont accordées, l'effet de ces circonstances avant
l'atténuation de la minorité (1).

Cette jurisprudence est approuvée en ces termes
par F. Hélie (2) : « On établit d'abord la peine
dont le fait est passible et la modification que
cette peine doit subir conformément à l'article 463 ;
l'article 67 pose, en effet, pour base de l'atténuation dérivant de la minorité, la détermination
préalable de la peine encourue, et c'est sur cette
peine modifiée, applicable au fait, que s'opère
l'atténuation prescrite en vue de la minorité. »
Cependant nous préférons la solution contraire,
est-ce que la peine, en effet, sur laquelle se mesure
l'atténuation résultant de l'excuse, est la peine
que dans telle ou telle hypothèse donnée un majeur subirait ? Non, c'est la peine que le fait pris
en lui-même, considéré dans ses éléments intrin-
sèques, emporterait contre un majeur ; il n'y a
plus d'appréciation hypothétique à faire. Quelle
est la peine inscrite dans la loi ? Quelle est la
peine que l'admission de l'excuse substitue à la

____

(1) Cass., 2 avril 1864, S. (66, 1, 134) ; 10 août 1866, S. (67, 1, 185) ; 5 mai
1887, S. (89, 1, 414).

(2) *Prat. criminelle*, tome II, n° 125 *in fine*. — Ch. et Hélie, tome Ier,
n° 338. — Trébutien, p. 115 et 116.

peine de droit commun ? Telles sont les deux questions à résoudre, après quoi, le juge, s'il reconnaît des circonstances atténuantes, abaisse la peine correctionnelle encourue par le mineur dans les limites de l'article 463. Les circonstances atténuantes exercent ainsi leur influence en dernier lieu (1).

Cette solution, de plus n'est-elle pas indiquée par les expressions des articles 57 et 58 du Code pénal, desquelles il résulte que l'atténuation de la minorité doit être calculée avant l'aggravation de la récidive, et ainsi on ne pourrait pas, sans contradiction, faire fonctionner les circonstances atténuantes avant l'excuse de minorité, alors que la récidive doit précéder comme règle générale l'application des circonstances atténuantes. Ce dernier argument nous servira à établir l'ordre à suivre en cas de concours d'une circonstance aggravante, la récidive, d'une excuse atténuante et des circonstances atténuantes. La peine doit être calculée en tenant compte de l'excuse de minorité ou de provocation, en aggravant ensuite à raison de la récidive, en abaissant enfin par suite des circonstances atténuantes (2). Il est vrai que ce mode de calcul peut aboutir à des résultats bizarres. Ainsi lorsqu'un meurtre commis par un récidiviste, est reconnu excusable, et bénéficie de

---

(1) Bertauld. *Op. cit.*, p. 418. — Villey. *Précis* p. 487-488. — Ortolan, tome II, nº 166.5. — Garraud, tome II, nº 163.
(2) Garraud, t. II, nº 163. ortolan, t. II, nº 1566.

circonstances atténuantes, la peine deviendra d'abord correctionnelle (art. 326) ; l'aggravation de la récidive portera l'emprisonnement de 5 à 10 ans, enfin l'atténuation des circonstances atténuantes permettra à la Cour d'abaisser la peine jusqu'à un jour et même de lui substituer une amende réduite à 1 franc. La Cour pourra ainsi supprimer après coup, l'aggravation de la récidive.

Si un mineur invoquait l'excuse de provocation, et bénéficiait de circonstances atténuantes, la peine encourue serait déterminée de cette façon. On appliquerait en premier lieu l'atténuation résultant de l'excuse de provocation, puisée dans les circonstances particulières de l'infraction, puis celle résultant de l'excuse de minorité, et à la peine ainsi obtenue, on appliquerait les circonstances atténuantes.

Il est donc établi par toutes ces considérations que le juge pour fixer la pénalité applicable à l'accusé, déterminera d'abord la peine de l'infraction, telle qu'elle résulte des circonstances qui l'accompagnent, la diminuera ensuite à raison des excuses spéciales ; la relèvera en vertu de l'état de récidive et l'atténuera enfin grâce aux circonstances atténuantes, car, « c'est pour toutes les hypothèses, dit M. Ortolan, en dernier lieu, à la fin de toutes les opérations de son calcul de pénalité et sur le résultat final de ce calcul, que le juge doit appliquer l'abaissement motivé par les circonstances atténuantes » (1).

Telle est, en effet, la portée générale que la loi de 1832 a attribué au système des circonstances atténuantes, puisqu'elle a voulu qu'il s'étende, à l'égard de chaque coupable admis à en profiter, sur tout l'ensemble de la cause et qu'il modifie la pénalité, telle qu'elle ressort de cet ensemble.

(1) Ortolan, t. II, n° 1666.

CHAPITRE VII

Statistique et résultats des circonstances atténuantes

Un des buts que le législateur de 1832 s'était proposé en appliquant la théorie des circonstances atténuantes aux matières criminelles, avait été de diminuer le trop grand nombre des acquittements. Ce nombre n'avait cessé de s'élever jusqu'en 1832. Sur 100 accusations 32 étaient rejetées entièrement par le jury de 1826 à 1830 ; 37 en 1831 tandis que à partir de 1832, le nombre tend à décroître, il fut de 33 0/0 de 1832 à 1835 ; 28 0/0 en 1840 ; 17 0/0 en 1880 (1) ; 24 0/0 en 1884 ; 23 0/0 en 1889 ; 24 0/0 en 1890 (2) ; 23 0/0 en 1891 ; 27 0/0 en 1896 ; 26 0/0 en 1897 (3). Cette première prévision du législateur s'est donc réalisée, et la bonne administration de la justice ne peut qu'applaudir à ce résultat.

Les acquittements en effet, dont bénéficient la plupart du temps des individus coupables, mais

---

(1) Compte rendu général de l'Administration de la justice criminelle en France, 1826-1880, p. XXXVIII.

(2) *Journal Officiel* 1893, p. 5365.

(3) *Journal Officiel,* 1899, p. 2509, p. 8456.

pour lesquels le jury estime la pénalité applicable trop rigoureuse, constituent une atteinte grave à la satisfaction que réclame l'ordre public et ne font qu'encourager les imitateurs.

Un deuxième résultat est également acquis. Privé de tout pouvoir de mettre la peine en rapport avec le délit, le jury mutilait les accusations, écartait les circonstances aggravantes, bouleversait la qualification des faits incriminés par des déclarations mensongères ; depuis que la loi de 1832 lui a permis de prononcer des circonstances atténuantes, les verdicts sont plus sincères. Ainsi de 37 0/0 d'accusations admises par le jury sans changement de qualification de faits en 1830, le nombre s'est élevé à 48 0/0 en 1836-1840 ; 52 0/0 en 1848-1852 ; 66 0/0 en 1866-1870 ; 70 0/0 en 1870-1880 (1) ; 60 0/0 en 1890 ; 54 0/0 en 1896.

De cette double constatation résulte donc que les déclarations de culpabilité pour crimes, sont plus fréquentes.

Il est vrai toutefois, que les juges usent très largement de la faculté que leur accorde la loi, de modérer la peine par une déclaration de circonstances atténuantes. Ces déclarations ont progressivement augmenté jusqu'en 1870. C'est ce que certains esprits appellent l'abus des circonstances atténuantes. Ainsi elles étaient prononcées 60 fois sur 100 condamnations criminelles en 1833-1835 ; 72 fois 0/0 en 1846-1850 ; 75 fois 0/0 en

---

(1) Id.

1861-1865 ; 77 fois 0/0 en 1866-1870. De 1870 à 1884, il semble qu'un retour à la sévérité de la part du jury, se soit produit, elles ne sont plus que dans la proportion de 74 0/0 ; en 1889 73 0/0 ; en 1890, 71 0/0 ; en 1893, 75 0/0.

On peut répondre que si les jurés ont aussi souvent recours à ce moyen de faire abaisser les peines, c'est qu'ils examinent d'une façon plus consciencieuse les faits principaux de l'accusation et qu'ils admettent toutes les circonstances établies par les débats ; l'expérience des années antérieures, nous montre, en effet, que privé de ce pouvoir, le jury acquitterait une partie des accusés traduits devant lui et surtout ceux qui auraient à répondre aux accusations les plus graves, qu'il lui serait impossible de réduire à la proportion de simples délits par le rejet des circonstances aggravantes. N'est-il pas préférable qu'un châtiment quel qu'il soit, frappe un coupable et remplace une complète impunité ?

Du reste, s'il y a abus, ce n'est pas seulement au jury qu'il faudrait en adresser le reproche, les magistrats de la Cour d'assises à qui ordinairement on n'attribue pas les mêmes entrainements qu'aux jurés, s'associent dans la plupart des cas, en faisant descendre la peine de deux degrés, à la clémence du jury. C'est ce que démontre le tableau suivant du compte rendu de la justice criminelle (1) de 1826 à 1880 :

____

(1) 1826 à 1880, p. LXV.

Années	Peines abaissées sur 100	
	1 deg.	2 deg.
De 1833 à 1835	32	68
1836 à 1840	35	65
1841 à 1845	34	66
1846 à 1850	28	72
1851 à 1855	37	63
1856 à 1860	36	64
1861 à 1865	36	64
1866 à 1870	34	66
1871 à 1875	33	67
1876 à 1880	35	65

Pendant la période 1880-1885, les Cours d'assises ont abaissé la peine de deux degrés dans 51 cas sur 100, où il y avait lieu de prononcer les travaux forcés et dans 74 cas sur 100, quand les chefs d'accusation sur lesquels le jury avait à répondre affirmativement devaient entraîner la peine de mort.

En 1890, les magistrats ont abaissé la peine de deux degrés dans 70 cas sur 100 passibles de la peine de mort ou de celle des travaux forcés, et en 1895, pour ces mêmes peines, ils l'ont abaissé de deux degrés dans 68 cas sur 100.

Les Tribunaux correctionnels, pendant la période de 1826 à 1830, c'est-à-dire sous l'Empire du Code pénal de 1810, ne leur permettant l'admission des circonstances atténuantes que dans les cas où le préjudice n'excédait pas 25 francs, appliquaient seulement l'article 463, 32 0/0; mais avec la loi du 28 avril 1832, qui étendit cette faculté à tous les délits, la proportion s'élève par une gradation régulière jusqu'à 59 0/0 en 1856-1860. Elle descend de 1861 à 1865 à 57 0/0 pour remonter à 61 0/0 en 1866-1870 et revenir au niveau antérieur, 59 0/0 en 1880 ; 62 0/0 en 1880-1885 ; 67 0/0 en 1889 ; 68 0/0 en 1890. En 1893, 50 0/0 des prévenus du sexe masculin en bénéficient et 56 0/0 du sexe féminin.

On remarque aussi que les délits qui obtiennent le plus de circonstances atténuantes, sont le vagabondage, 97 0/0 en 1880 ; 99 0/0 en 1885, 91 à 96 0/0 en 1890 ; la mendicité, 93 0/0 en 1880-1885-1890 ; le vol, 88 0/0 en 1880-1885 et 96 0/0 en 1890.

Les Tribunaux n'admettent au bénéfice des circonstances atténuantes un si grand nombre de vagabonds et de mendiants que pour les dispenser de la surveillance de la haute police, aujourd'hui interdiction de séjour (1). Comme le constate le rapport sur l'administration de la justice criminelle en France de 1826 à 1880, une des conséquences de la loi du 28 avril 1832, a été de réduire de près de moitié le nombre des acquittements et d'augmenter d'autant celui des condamnations correctionnelles, quant aux condamnations à des peines afflictives ou infamantes, elles se sont maintenues en nombre à peu près égal. En « présence de ces résultats, il est difficile de méconnaître que l'extension du principe des cir-

___

(1) Compte de la J. C., 1880, p. LXXVIII ; 1885, p. XXIV ; 1890, p. XX.

constances atténuantes à toutes les matières criminelles, a produit les effets qu'en attendait le
législateur qui voulait rendre la répression moins
rigoureuse, mais plus égale et plus assurée, et
racheter par un peu d'indulgence des chances
trop nombreuses d'impunité (1). » On peut dire, de
plus, que le principe des circonstances atténuantes sous forme indéterminée, est excellent dans la
législation actuelle ; si quelques théories comme
l'avant projet Suisse, l'ont rejeté en considérant
que c'était faire servir les circonstances atténuantes à un double rôle dont le second, qui
serait de permettre une réduction de peine légale
uniquement parce que la loi pût paraître trop
sévère, était inadmissible en présence d'un Code
pénal nouveau remis au point et dont la rigueur
ne dépasse pas les exigences de l'opinion ; on
peut répondre avec M. Saleilles (2), que les Codes
une fois faits ne varient plus, alors que l'opinion
varie et que les conceptions populaires en matière de criminalité, arrivent souvent à se trouver
en désaccord avec le tarif du Code. Ce tarif est
fondé sur la gravité sociale de chaque infraction ;
suivant les temps et les mœurs, on peut s'en faire
une conception différente ; si, donc la peine doit
rester en harmonie avec la conscience populaire,
de façon à lui donner toujours satisfaction, sans
être au-dessus ni au-dessous, il faut ménager un

---

(1) Compte rendu, G. de 1826 à 1880, p. 46.
(2) Saleilles. *Individualisation de la peine*, p. 211.

moyen de ramener la peine au point ; il faut pouvoir jeter du lest ; il faut une soupape de sûreté. Les circonstances atténuantes sous forme indéterminée, sont faites pour jouer ce rôle, sinon, il arrivera que le jour où pour certains délits, la peine légale sera jugée trop sévère, même à défaut de motifs excusables, l'on acquittera de parti pris.

L'avant-projet Suisse, confiant dans son tarif de pénalité, n'a pas jugé les choses de cette façon et n'admet que des circonstances atténuantes spécialisées. Il considère que la loi doit classer par catégories très larges les différentes causes d'atténuation ou d'aggravation. Dès lors, il opère une classification légale des différents motifs qui ont pu inspirer le crime. Suivant qu'ils impliquent un certain degré d'honnêteté subsistante ou un degré plus profond de perversité, le motif devient une cause, soit d'atténuation, soit d'aggravation.

La faculté d'atténuation qui résulte de l'admission des circonstances atténuantes donne aux juges en matière correctionnelle les plus grands pouvoirs, puisqu'elle a pour effet de conduire à la peine la plus minime, 1 franc d'amende ; au contraire, en matière criminelle, la loi lui a assigné des bornes que les juges ne doivent jamais dépasser ; quelle que soit l'atténuation, en effet, la peine ne peut être inférieure à un an de prison. On s'est demandé si cette limite ne devait pas être aussi abaissée.

En présence de la multiplication de certains

verdicts d'acquittement dans des affaires d'assassinat, de meurtre, d'infanticide principalement,
on avait pensé que si, malgré la matérialité des
faits, le jury rendait dans certains cas des verdicts
de non-culpabilité, c'est qu'il était effrayé de la
peine qu'un verdict de culpabilité, même mitigé
par des circonstances atténuantes, entraînerait
contre des accusés, et que trouvant le minimum
de la peine trop sévère, il préférait alors acquitter.
Puisque l'élévation de ce minimum déterminait
ainsi aux yeux de certains esprits la plupart des
acquittements, ils proposèrent comme remède de
permettre aux juges d'abaisser ce minimum au-
dessous de la limite fixée, au cas où des circonstances atténuantes seraient déclarées. M. Bozerian
a voulu donner au jury le droit de déclarer des
circonstances très atténuantes. Cette proposition,
présentée au Sénat le 4 avril 1885, subit de la
Commission la rédaction suivante : « lorsque les
circonstances auront été reconnues très atténuantes par le Jury, la Cour appliquera les dispositions
de l'article 401, relatives à l'emprisonnement et à
l'amende, sans pouvoir élever la peine de l'emprisonnement au-dessus de deux ans, ni l'abaisser
au-dessous de trois mois. » On aurait pu faire
l'essai de ce remède qui fonctionne dans le canton
de Genève et où dans ce cas la loi abaisse considé-
rablement le maximum de la peine encourue et ne
fixe pas de minimum. Cette solution, d'un fonc-
tionnement simple et pratique, aurait permis aux
jurés de concilier leurs sentiments et leurs devoirs,

et aux magistrats de s'associer dans une mesure plus large à l'indulgence du jury. Cependant, cette réforme fut repoussée par le Sénat sur l'avis de la Cour de Cassation, exprimé dans le rapport de M. Tanon (1). La nécessité d'une seconde catégorie de circonstances atténuantes ne se fait pas sentir, disait-il; il serait d'ailleurs impossible d'établir une différence entre les circonstances très atténuantes et les circonstances atténuantes, puisque ces dernières n'étant pas définies par la loi, embrassent les causes d'atténuation les plus graves comme les plus légères; de plus, une telle mesure aurait diminué la répression pénale et supprimé la barrière qui au point de vue de la répression sépare les crimes et les délits; quoi qu'on fasse, le jury est omnipotent et trouvera dans certaines hypothèses des circonstances qui absolvent. De même, on a rejeté une proposition due à l'initiative d'un membre de la Commission du Sénat, M. Ninard (1) qui, pour remédier aux mêmes acquittements, avait voulu étendre les pouvoirs du juge en supprimant les minima fixés par l'article 463, lorsque les circonstances atténuantes seraient admises par le jury, et permettre en conséquence à la Cour d'abaisser la peine jusqu'au minimum des peines de simple police. On a craint d'exposer l'accusé, en donnant à la Cour

---

(1) Journal *Le Droit*, 20, 21 mai 1887. G. Leloir, *France judiciaire*, année 1887, tome XI, p. 66 et suiv.

(2) *Journal Officiel*, Session extraordinaire du Sénat, 1885, annexe 41.

le pouvoir d'abaisser la peine jusqu'à un jour de prison, à voir le jury lui refuser les circonstances atténuantes uniquement pour prévenir un excès d'indulgence.

Ce problème serait peut-être résolu si la loi adoptait la théorie des peines parallèles, c'est-à-dire deux catégories de peines, l'une applicable aux matières de droit commun, l'autre à certains cas spéciaux. La loi nous permet déjà de punir plus ou moins suivant les mobiles du délit; mais elle ne nous permet pas de punir autrement. Nous ne pouvons à l'aide des circonstances atténuantes faire de différence que par la quantité de la peine, il serait désirable d'en faire par la qualité.

L'opinion publique réclame en effet, une répression différente de celle du droit commun pour les crimes politiques, les crimes passionnels, les blessures par imprudence, le duel, par exemple ; elle ne met pas sur le même pied et ne traite pas de la même façon le mari qui venge son honneur, la fille qui se venge d'un amant qui l'abandonne elle et sa famille et l'assassin qui tue pour voler ou par cupidité. Le juré sent, qu'il faut faire des distinctions, que le coupable mérite une peine, mais pas la même peine qui frappe le voleur, et comme il ne trouve pas dans la loi ni ces distinctions, ni ces peines, il acquitte tout simplement. Si le ministère public pouvait dire aux jurés : « Vous avez devant vous un homme qui a commis un crime passionnel, nous ne le confondons pas avec un assassin vulgaire ; mais il a commis un fait grave, dangereux pour l'ordre social qu'on ne peut laisser sans répression ; la loi a prévu son cas, elle établit une peine spéciale pour ce genre de crimes, une peine qui sert d'exemple, une peine juste enfin puisqu'elle répond à la nature du crime commis, au mobile qui a armé le bras du coupable » ; ce langage porterait, le nombre des acquittements souvent inexpliqués diminuerait.

Pour arriver à ce résultat sans donner dans un texte spécial la définition du motif et sans déterminer aucune classification, le législateur n'aurait qu'à adopter dans la partie générale du Code un système conforme à celui du Code pénal allemand; un système de peines parallèles laissées au choix du juge. Il créera soit deux peines distinctes, soit une double échelle de peines, se subissant dans des établissements spéciaux, dont il fixera la durée, le régime et déterminera les déchéances ou incapacités qu'elles seraient susceptibles d'entraîner. S'il adopte la théorie de l'unité de la peine telle qu'elle est proposée par plusieurs membres de la commission extraparlementaire dans le projet de réforme du Code pénal français ; il inscrira à côté du système pénal établi un article ainsi conçu :

Sauf les cas exceptés par la loi, le juge aura le droit en indiquant les motifs de sa décision et en spécifiant la cause déterminante à laquelle a obéi l'agent, de substituer la peine de la détention à celle de la réclusion.

S'il adopte au contraire le système actuellement en vigueur de la multiplicité des peines ; il se contentera d'imposer dans la partie générale du Code, l'obligation au juge de motiver sa sentence et se réservera d'édicter dans la partie spéciale, les deux peines entre lesquelles le juge pourra exercer son choix. Après avoir défini le vol, il indiquera comme peine par exemple 1 à 5 de prison ou 1 à 5 de détention. Sans doute la sphère des circonstances atténuantes indéterminées se trouverait un peu modifiée par l'adoption des peines parallèles puisqu'elles ne comprendraient plus, comme maintenant, le motif auquel l'agent a obéi mais il conviendrait de les maintenir néanmoins pour permettre au juge de tenir compte soit de ce que l'on a appelé les impressions d'audience, repentir sincère du coupable, désistement du plaignant, remboursement des sommes détournées, soit du peu d'importance et de gravité du fait accompli (1). De cette façon les circonstances atténuantes spécialisées ou non produiraient leur effet à la fois sur la quantité et sur la qualité de la peine.

---

(1) Rigaud, Thèse. Influence du motif en matière criminelle, ch. VI.

LÉGISLATION COMPARÉE

Divisant cette étude en deux parties, nous placerons dans la première les législations qui ne reconnaissent pas le système des circonstances atténuantes, et dans la seconde celles qui l'admettent. Subdivisant à son tour cette seconde partie, nous examinerons dans une première section, les législations qui confient aux magistrats la déclaration des circonstances atténuantes, et dans une seconde, celles qui abandonnent au jury ce pouvoir.

PREMIÈRE PARTIE

Législations qui n'admettent pas le système des circonstances atténuantes

---

ANGLETERRE

Le droit pénal anglais, a pour base en partie le droit commun, c'est-à-dire le droit contenu dans les sentences des Tribunaux, qui définissent la plupart des crimes graves et en partie les lois dont les plus importantes sont celles de 1861. Les faits punissables se divisent en trois classes, à savoir : les trahisons (treasons), les crimes (félonies), les délits (misdemeanors). La législation actuelle comprend quatre sortes de peines : la mort dont l'exécution est la pendaison à l'intérieur de la prison, la réclusion à perpétuité ou à temps dont le minimum est fixé à trois ans, l'emprisonnement avec ou sans travail pénible, dont la durée ne dépasse dix ans que dans les cas exceptionnels et l'amende. On rencontre comme peines accessoires : le placement dans une maison de réforme, le fouet, la surveillance de la police, l'obligation de fournir caution de bonne conduite.

Le rôle du jury consiste simplement à répondre affirmativement ou négativement aux questions qui lui sont posées relativement au fait principal et aux circonstances aggravantes ou atténuantes. Il n'a aucune action sur l'application de la peine, son seul droit consiste à faire suivre le verdict de la déclaration qu'il recommande, l'accusé à la bienveillance du juge ou du Souverain. Cette formule d'ailleurs n'a pas de valeur légale, elle n'a pas pour effet, comme la déclaration de circonstances atténuantes du jury français, de diminuer la peine et notamment de soustraire un assassin à la peine de mort. C'est un appel à la clémence dont le magistrat et après lui, le ministre de l'Intérieur auquel ces recommandations sont toujours adressées, tiennent compte dans la mesure qui leur convient (1).

Cependant la législation anglaise donne au jury le droit de modifier l'incrimination portée contre l'accusé, lorsque les faits établis lui paraissent constituer un crime moindre que celui indiqué dans l'accusation ; elle lui permet alors de déclarer le prévenu coupable de ce crime moindre et de prononcer en même temps un verdict de non-culpabilité, à raison du crime plus grave.

Bien que la notion des circonstances atténuantes n'existe pas en général dans le droit pénal anglais, ce qui est sans importance puisque les

---

(1) Le système judiciaire de la Grande-Bretagne, comte de Franqueville, t. II, p. 396.

peines édictées par la loi ne sont que des peines maxima, le juge jouit d'une grande latitude, quant à la fixation de la peine : A l'exception des seuls cas où la loi prévoit la peine de mort, les peines prévues par la loi sont régies par les principes suivants : la peine de réclusion peut être remplacée par un emprisonnement jusqu'à deux ans avec ou sans travail forcé. Le maximum de la peine d'emprisonnement est de deux ans. Elle doit être d'un jour au moins dans les cas où la loi la prononce exclusivement.

L'accusé qui est condamné pour un crime puni de deux ans au plus, peut dans le cas où il n'a pas encore subi de condamnation criminelle ou correctionnelle, par considération de sa bonne conduite antérieure, du peu de gravité du crime, ou d'autres circonstances atténuantes, n'être condamné qu'à signer l'acte par lequel il s'oblige avec ou sans caution à comparaître devant le Tribunal et y entendre prononcer son jugement, à ne pas troubler la paix publique et à mener une bonne conduite dans cet intervalle. Dès qu'il est prouvé par témoins entendus sous serment, qu'il a manqué à son engagement, il peut être décerné contre lui un mandat d'arrêt (Condamnation correctionnelle) (1).

---

(1) Législation pénale comparée, p. 633, 643, 653, 654, 656.

Pays-Bas

Les Pays-Bas n'ont connu le jury que pendant les deux ou trois ans qu'à duré la domination française 1810-1813. Après la Restauration, on l'a immédiatement aboli et depuis il n'a jamais joui de la moindre sympathie.

Le Code pénal du 3 mars 1881 divise les infractions en deux classes, les délits et les contraventions et ne reconnaît que trois peines principales : l'emprisonnement à perpétuité ou à temps (1 jour à 20 ans), la simple détention, frappant les délits non intentionnels et les contraventions, dont le maximum est d'un an, et en quelques cas exceptionnels, de un an et quatre mois, et l'amende. Il distingue en outre quatre peines accessoires : la confiscation spéciale, l'interdiction de certains droits, ou l'exercice de certaines professions ; la publication de la sentence et la détention temporaire dans une maison de travail, vis-à-vis des individus condamnés pour vagabondage et mendicité ou de ceux qui ont encouru plus de trois condamnations du chef d'ivresse publique.

Une très grande liberté est laissée au juge dans l'application de la peine ; les peines accessoires, ainsi que le placement des jeunes délinquants dans une maison d'éducation sont toujours facultatives ; les peines principales sont obligatoires, le Code ne connaît pas la condamnation conditionnelle. Quant à la durée de l'emprisonnement, de la simple détention, et au montant de l'amende,

le juge n'est limité que par un maximum spécial
à chaque infraction ; le Code ne fixe pas de
minima spéciaux, pour toute infraction le minimum est d'un jour d'emprisonnement ou de simple détention, de cinquante cents ou d'un demi-
florin d'amende. Les juges possèdent ainsi un
pouvoir souverain d'appréciation, pour la fixation
de la peine, aussi dans ce système de pénalité, il ne saurait y avoir place pour un système de
circonstances atténuantes.

DEUXIÈME PARTIE

Législations qui admettent le système des circonstances atténuantes

———

SECTION I

Législation refusant au jury le droit de les déclarer.

BELGIQUE. (1)

La Belgique, liée jusqu'en 1815 à la France, reçut les lois napoléoniennes et fut soumise au Code pénal de 1810. A la dislocation de l'Empire, la Belgique fut remise à la Hollande sous le nom de Royaume des Pays-Bas, le prince souverain des provinces unies s'empressa de modifier la rigueur excessive du Code français de 1810, en publiant les arrêtés des 9 septembre 1814 et 20 janvier 1815 appelés à juste titre bienfaisants. Le

---

(1. Législation pénale comparée, p. 437 et suiv.
Les Codes Néerlandais traduits par G. Tripels, avocat à Maestricht.
Législation pénale comparée, p. 26 et suiv.

premier permettait aux Cours d'assises lorsqu'il existait des circonstances atténuantes et que le préjudice causé à la victime n'excédait pas 50 francs, de commuer la peine de la réclusion en celle de l'emprisonnement correctionnel et d'affranchir de l'exposition publique. L'arrêté de 1815 permettait aux Cours d'assises de commuer la peine des travaux forcés à temps, à raison de l'exiguité du crime et des circonstances en celle de la réclusion et en exprimant les circonstances qui ont motivé la commutation.

Le Code pénal actuel date du 15 octobre 1867. La division tripartite des faits délictueux en crimes, délits et contraventions du Code pénal français est conservée.

En matière criminelle, le Code adopte comme peines : la mort, qui figure dans les textes, mais qui en fait est toujours commuée ; les travaux forcés à perpétuité ou à temps ; la détention à perpétuité ou à temps, la réclusion de 5 à 10 ans.

En matière correctionnelle, le Code consacre l'emprisonnement de 8 jours à 5 ans, et l'amende de 26 francs au moins à 10,000 francs au plus. En matière de simple police, on trouve l'emprisonnement de 1 jour au moins et de 7 jours au plus, et l'amende de 1 à 25 francs. L'interdiction de certains droits civils et politiques et le renvoi sous la surveillance spéciale de la police sont des peines communes aux crimes et aux délits.

Comme en France, les circonstances atténuantes ne sont pas déterminées par la loi belge, mais laissées à l'arbitraire du juge qui les recherche soit dans les faits de la cause, dans la personne, ou le passé de l'accusé. Seulement, contrairement au système français, ce sont les juges qui les déclarent en Belgique, tant en matière criminelle qu'en matière correctionnelle, en vertu de l'article 1er de la loi du 4 octobre 1867 (1). Le législateur belge a voulu, par ce moyen, assurer une répression plus constante, plus ferme et moins contingente ; mais comme les magistrats de la Cour sont moins portés à accorder des circonstances atténuantes, les jurés, dans l'ignorance où ils se trouvent des intentions de la Cour et craignant un verdict trop sévère, préfèrent l'impunité à une peine excessive. La Cour d'assises peut déclarer des circonstances atténuantes en faveur d'un accusé coutumace et le même pouvoir appartient aux tribunaux correctionnels jugeant par défaut (1).

L'article 1er § 2 contient une disposition inspirée par le désir de restreindre les circonstances atténuantes : il dispose que les juges doivent dans leurs arrêts non seulement exprimer l'existence des circonstances atténuantes, mais indiquer en termes formels quelles sont : en obligeant les magistrats à préciser les éléments et la cause qui motivent une atténuation, le législateur a cru donner plus d'importance (2) à la déclaration, mais la pratique a dû reconnaître bien vite un

---

(1) *Commentaire de la loi du 4 octobre 1867*, par Timmermans, p. 1

(2) *Idem*, p. 1 et 7.

certain nombre de formules générales et vagues
que les juges se bornent à transcrire dans leur
jugement.

Le droit conféré aux Tribunaux de réduire les
peines en cas de circonstances atténuantes s'étend
à toutes les peines criminelles portées par le Code
et des lois spéciales ; en matière correctionnelle,
ce droit est restreint aux peines édictées par le
Code pénal, sauf le cas où la loi spéciale l'accorde
formellement aux juges ; en matière criminelle la
Cour doit abaisser la peine d'un degré ; le second
degré est facultatif ; en matière correctionnelle le
juge peut réduire la peine jusqu'au minimum des
peines de simple police, lorsque l'emprisonnement et l'amende sont prononcées par le Code
n'édicter que l'une de ces deux peines, et même
substituer l'amende à l'emprisonnement lorsque
cette dernière peine est seule prononcée ; en
matière de simple police la déclaration des circonstances donne aux juges le même pouvoir.

La jurisprudence belge reconnaît contrairement
à la jurisprudence française un effet à la déclaration des circonstances atténuantes en matière
correctionnelle et de simple police. L'abaissement
des peines en ces matières au-dessous de leur
minimum spécial est obligatoire pour le Tribunal qui a constaté les circonstances atténuantes.
L'abaissement de la pénalité au-dessous du
minimum général des peines correctionnelles est
seulement *in facultate judicis* (1).

---

(1) Hauss., *Pr. généraux du droit belge*, t. II, n° 846, note 6.

D'après la jurisprudence française, les circonstances atténuantes modifient la peine sans modifier la nature de l'infraction. La jurisprudence
belge est d'une opinion contraire (2). Lorsqu'une
Cour d'assises remplace à raison de circonstances
atténuantes une peine criminelle par l'emprisonnement, le crime se transforme en délit.

Enfin une réforme importante est contenue
dans la loi du 4 octobre 1867.

D'après les articles 2, 3, 4, 6 de cette loi, dans
tous les cas où il n'y aurait lieu de ne prononcer
qu'une peine correctionnelle à raison d'une excuse
ou de circonstances atténuantes, la chambre du
conseil ou des mises en accusation pourra à
l'unanimité ou à la simple majorité de ses membres, renvoyer le prévenu devant les Tribunaux
correctionnels ou de simple police, en exprimant
les circonstances atténuantes. C'est ce qu'on
appelle dans le premier cas correctionnaliser un
crime et dans le second contraventionnaliser un
délit ; les Tribunaux saisis ne peuvent décliner
leur compétence. Ces dispositions légales permettent de restituer à ses juges naturels, les
Tribunaux correctionnels, des accusés, qui traduits en Cour d'assises, n'auraient encouru
qu'une peine correctionnelle ; si l'on tient compte,
en effet, de la peine prononcée, on leur reproche
d'avoir commis non un crime, mais un délit, et

---

(1) Cass. de Bel. 1er oct., 27 juin, 18 juillet 1881, S. (83, 4, 1), Hauss, t. II,
1330-1331.

du reste pourquoi faire intervenir inutilement une juridiction supérieure, qui n'est pas chargée des affaires correctionnelles, pour réprimer des crimes, qui d'après les circonstances qui les ont précédées, accompagnées ou suivies, n'ont pas plus de gravité que bien des faits punissables seulement d'après la loi de peines correctionnelles (1).

En résumé la législation pénale Belge présente les caractères suivants :

1º Pouvoir accordé aux magistrats de la Cour de déclarer les circonstances atténuantes ;

2º Indication par ces magistrats des circonstances motivant une atténuation de peines ;

3º Pouvoir donné aux juridictions d'instruction de faire application des circonstances atténuantes.

AUTRICHE.

Le Code pénal autrichien actuel date de 1852 et reconnaît la division des infractions en crimes, délits et contraventions. Les peines principales pour les crimes sont : la peine de mort (par pendaison) et la peine du cachot. Quant à sa sévérité, le Code distingue le cachot simple et le cachot grave ; quant à sa durée le cachot à perpétuité et le cachot à temps ; le maximum est de 20 ans et le minimum 6 mois ; les peines sont graduées ainsi : 6 mois à

---

(1) Timmermans. Introduction, p. XVIII et XIX.

1 an, 1 an à 5 ans, 5 ans à 10 ans, 10 ans à 20 ans. Les peines des délits et contraventions sont l'amende, la confiscation des marchandises ou ustensiles, la déchéance de certains droits, les arrêts (minimum 24 heures, maximum 6 mois), le châtiment corporel, l'expulsion d'un pays ou de tous les pays de la Couronne. Les peines accessoires touchent à l'honneur, à la liberté et à la fortune : déchéances de titres, de droits honorifiques, expulsion, confiscation, amende (1).

L'institution du jury méconnue par le Code de 1803, fut reconnue en 1850, supprimée en 1853 et reparut avec le Code d'instruction criminelle en 1873. Le juge est seul chargé à l'exclusion du jury de se prononcer sur l'existence des circonstances atténuantes et doit à l'exemple de la législation Belge les établir et préciser en quoi elles consistent.

La loi énumère les motifs qui font élever ou diminuer la peine, et détermine ainsi la mesure de celle-ci, de sorte que l'existence des circonstances atténuantes ou aggravantes ne peut changer ni l'étendue ni la qualité de la peine prévue (2).

Les motifs d'atténuation pour les crimes se divisent en motifs qui prennent naissance dans la personne du délinquant, et motifs qui prennent naissance dans l'acte lui-même.

Cependant il existe souvent pour certains délits

---

(1) *Législation pénale comparée*, p. 388 et suiv.
(2) Page 303, idem.

des motifs d'aggravation ou d'atténuation appelés spéciaux par rapport aux motifs généraux.

Le droit d'atténuation extraordinaire réglé par l'article 54 présente un intérêt particulier; pour les crimes dont la durée du cachot ne dépasse pas 5 ans, cette peine peut être modifiée d'un degré et abaissée même à moins de 6 mois, au cas où il y a plusieurs motifs d'atténuation faisant espérer l'amendement du condamné. Dans la même hypo thèse un changement de peine est possible en considération de la famille innocente du délin- quant et la durée de la peine peut être abaissée à moins de 6 mois, mais on doit compenser la durée de la peine cellulaire par une ou plusieurs aggravations prévues par l'article 19, c'est-à-dire, des jeûnes, couches dures, emprisonnement cel- lulaire, travaux rudes.

Pour les délits et contraventions la règle est qu'on ne peut convertir une peine; cependant on fait une exception pour les arrêts et l'amende, en considération de la fortune et des moyens d'exis- tence du détenu et de sa famille.

Le Code de procédure pénale de 1873 complète ces dispositions en permettant dans certains cas après un jugement de condamnation, à une Cour de deuxième instance sur la proposition d'une Cour de première instance, de reconnaître l'exis- tence de circonstances atténuantes qui n'exis- taient pas ou n'étaient pas connues lors du prononcé du jugement (effort du condamné pour réparer le préjudice causé ou révélation d'autres crimes cachés) et de prononcer une atténuation de peines (art. 410).

La législation autrichienne présente donc les caractères suivants :

1° Détermination légale des circonstances atténuantes ;

2° Pouvoirs exclusifs accordés aux magistrats de les prononcer ;

3° Nécessité de les préciser ;

4° Pouvoirs restreints dans la modification et dans l'atténuation des peines.

D'après le projet du Code pénal autrichien discuté par la Commission permanente de la Chambre des députés en 1892 et 1893, le système des circonstances atténuantes adopté, se rapproche beaucoup du système appliqué dans le Droit pénal allemand qui consiste à déterminer expressément et limitativement les cas dans lesquels les circonstances atténuantes peuvent être accordées. Un certain nombre d'articles donnent aux Tribunaux le droit de choisir entre deux peines différentes d'inégale rigueur, par exemple la réclusion et l'emprisonnement, l'emprisonnement et l'amende. Le juge doit se déterminer, dit l'article 16, en prenant en considération les circonstances qui ont accompagné l'acte et le degré de culpabilité de l'auteur. Du reste son pouvoir d'appréciation est limité, car la loi détermine toujours le maximum et le minimum de cette peine subsidiaire à laquelle il peut recourir, si bien que le juge se meut dans des limites bien déterminées qu'il ne peut pas franchir (1).

HONGRIE

Le Code pénal hongrois des crimes et des délits date du 4 juin 1879 (1).

Parmi les principales peines criminelles on trouve la peine de mort ; la maison de force perpétuelle ou temporaire variant de 2 à 15 ans ; la réclusion d'une durée de 6 mois à 10 ans, la prison de 1 jour à 5 ans, l'amende.

Le juge, en Hongrie, sans aucune déclaration préalable a la faculté d'abaisser la peine jusqu'au minimum légal lorsque les circonstances lui semblent atténuantes. En pareil cas la peine de mort sera convertie en maison de force à perpétuité et la maison de force à perpétuité en quinze ans de maison de force (art. 91).

Si les circonstances atténuantes sont si prépondérantes que même le minimum de la peine édictée contre l'acte serait d'une sévérité disproportionnée, le juge peut substituer à la peine édictée une peine d'un degré inférieur, prononcer au lieu de la maison de force à temps, la réclusion ; au lieu de la réclusion la prison ; au lieu de la prison l'amende. Cependant il ne peut prononcer au lieu de la peine de mort une peine inférieure à 15 ans

---

(1) *Revue pénitentiaire*, année 1894. p. 646.

(1) *Législation pénale comparée*, p. 417. — Code pénal hongrois, traduction par Martine et Dareste, Paris, 1885.

de maison de force et au lieu de la maison de force à perpétuité une peine moindre de 10 ans de maison de force (art. 92).

Le Code des contraventions ajoute : Lorsque les circonstances atténuantes sont dominantes, l'amende peut être substituée aux arrêts (art. 21).

ESPAGNE

Le Code pénal de 1822 fut successivement reformé en 1850 et 1870 (1).

Il n'admet que deux catégories d'actes punissables : les délits et les fautes.

Le Code pénal Espagnol donne aux juges le droit d'accorder des circonstances atténuantes en toutes matières ; mais au lieu de laisser ces circonstances à la libre appréciation du juge, il en dresse un catalogue : L'âge au-dessous de 18 ans, un mal plus grave que celui projeté, la provocation, le trouble et l'aveuglement d'esprit causé par une excitation passionnelle, l'ivresse lorsqu'elle n'est pas habituelle enfin « toute autre circonstance de même valeur et analogue aux circonstances précédentes ». Ce dernier paragraphe dépouillant l'énumération de son caractère limitatif condamne le système espagnol, le législateur reconnaît ainsi qu'il est impossible de restreindre dans des définitions fermes les considé-

---

(1) *Théorie du Code pénal Espagnol* comparée avec la législation Française par Laget, Paris, 1881.

rations de toute nature qui peuvent atténuer les peines.

SUISSE (1)

En Suisse on distingue le droit pénal fédéral du droit pénal cantonal. La Constitution fédérale de 1848, imitée par celle du 29 mai 1874, dit dans son article 94 : Il y a un Tribunal fédéral pour l'administration de la justice en matière fédérale ; il y a de plus un jury pour les affaires pénales.

La Cour d'assises est compétente pour connaître des cas concernant les fonctionnaires publics, des cas de haute trahison envers la Confédération, des crimes et délits contre le droit des gens (art. 104).

Le Code pénal fédéral du 4 février 1853, d'une étendue restreinte, détermine quels sont les délits de la compétence du Tribunal fédéral. Il ne connaît pas la peine de mort, mais prévoit certaines peines privatives de liberté : la réclusion (qui entraîne la privation des droits politiques pendant un temps déterminé par le juge), de 1 à 30 ans et exceptionnellement à perpétuité (art. 36, 37, 62); l'emprisonnement jusqu'à 6 ans, l'amende jusqu'à 10.000 francs, le bannissement pour un temps qui n'excède pas 10 ans.

Le Code pénal du 4 février 1853 n'admet pas le système des circonstances atténuantes générales et indéterminées, créé par la loi française de 1832,

---

(1) Législation pénale comparée, p. 59 et suiv.

il se borne dans l'article 32 à l'énumération des causes principales qui peuvent déterminer le juge à appliquer la peine avec plus ou moins de modération, dans les limites de la loi, telles que le repentir efficace, âge de 12 à 16 ans, l'ivresse si elle ne résulte pas de la faute de l'accusé. D'après l'article 98 du Code fédéral de procédure du 27 août 1851, le jury ne doit pas se prononcer sur les circonstances atténuantes, mais cette appréciation appartient à la Cour qui ne peut faire descendre la peine au-dessous du minimum fixé par la loi.

Sur le vœu de la Société des juristes Suisses, relatif à l'unification du droit pénal, un avant projet de Code pénal pour la Confédération Suisse, destiné à remplacer toutes les législations pénales cantonales, fut rédigé en 1893 ; depuis cette époque, ce texte a subi un premier remaniement en 1894, et le projet définitif a été publié à Berne en 1896 (1). L'avant projet divise les infractions en délits et contraventions. Les peines reconnues au chapitre deuxième sont : la réclusion de 1 à 15 ans ; dans certains cas prévus par la loi, la réclusion est à vie (art. 21). La durée de l'emprisonnement est de 8 jours à 2 ans ; dans les cas prévus par la loi, le Tribunal peut prononcer l'emprisonnement jusqu'à 5 ans, Le minimum de l'amende est fixé à 3 francs ;

---

(1) Avant-projet du Code pénal Suisse modifié d'après les décisions de la Commission d'experts. Traduit par M. Alf. Gautier, Berlin, 1896.

si, depuis l'époque du jugement, les ressources du délinquant ont beaucoup diminué, le juge pourra modérer le montant de l'amende; si le condamné n'a pas payé l'amende dans les délais voulus, il sera astreint à la racheter par des journées de travail (art. 29).

Le juge mesurera la peine prévue par la loi d'après la culpabilité de l'auteur ; en fixant l'amende, il aura aussi égard aux ressources du condamné, il devra toujours tenir compte des mobiles, des antécédents et de la situation personnelle du délinquant (art. 38).

L'avant-projet Suisse n'admet pas le système Français des circonstances atténuantes purement indéterminées et laissées à l'appréciation du juge. L'exposé des motifs observe que notre article 463 justifié par la trop grande sévérité du Code de 1810, serait inadmissible dans une législation récente où on a dû mesurer les peines avec plus de modération. Aussi le projet admet des causes d'atténuation qu'il détermine avec précision. Ce sont plutôt des excuses légales que des circonstances atténuantes (1). M. Stooss, rédacteur du projet, veut que le juge tienne compte du mobile qui a fait agir le délinquant et l'a poussé au crime.

Ainsi, la peine pourra être atténuée: lorsque le délinquant a cédé à des mobiles honorables; lorsqu'il a été poussé par une détresse profonde; lorsqu'il a agi sous l'empire d'une menace grave

---

(1) *Revue pénitentiaire*. Année 1894, p. 200.

ou sur l'ordre d'un supérieur ; lorsqu'il a été subitement entraîné au délit par une provocation ou offense grave à laquelle il n'avait pas donné sujet ; lorsqu'il a prouvé par ses actes un repentir sincère ; lorsqu'au moment de l'infraction il était âgé de moins de 20 ans révolus ; lorsque le délai de prescription était près d'expirer au moment où les poursuites ont commencé. (art. 39).

Les effets de ces circonstances atténuantes limitées et déterminées sont de deux sortes. Tantôt le juge devra se conformer aux indications de l'article 40, § 1, c'est à dire réduire les peines de la réclusion et de l'emprisonnement suivant les règles de cet article, tantôt il pourra atténuer librement la peine, c'est-à-dire la mitiger, sans limite dans sa nature et dans sa mesure (art. 40, § 2). Il aura cette faculté dans le cas de santé altérée, de conscience incomplète (art. 11, § 2), dans l'hypothèse de tentative d'un délit par un moyen qui rende la réalisation de ce délit impossible (art. 17, § 2), dans le cas d'un excès de légitime défense (art. 19, § 2).

Dans la partie spéciale du Code, les mobiles de l'acte sont encore spécialement examinés et suivant qu'ils sont honorables ou non la, peine est diminuée ou augmentée. Ainsi, l'article 52 porte : « Celui qui aura intentionnellement donné la mort à une personne, sera puni de la réclusion de 10 ans à 15 ans ; la peine sera de la réclusion à vie si l'acte a eu pour mobile la soif du meurtre, la cupidité ; s'il a été commis avec barbarie, traitreusement, par le moyen du feu, du poison ou de substances explosibles, ou pour dissimuler ou faciliter un autre délit. Si l'acte a été commis sous l'empire d'une passion violente, la peine sera la réclusion jusqu'à 10 ans.

Article 53. — Celui qui, cédant à des mobiles honorables, aura donné la mort à une personne sur sa demande instante et sérieuse, sera puni de 1 mois à 5 ans de prison.

Cet avant-projet ne voulant laisser au juge que le moins d'arbitraire possible, le contraint à motiver ses jugements et lui trace les règles qu'il doit suivre pour l'application de la peine en faisant dépendre une aggravation ou une diminution de peine du mobile qui a inspiré l'acte. Toutefois, le législateur suisse n'a pas réservé une peine spéciale, de régime différent pour les délits inspirés par des mobiles honorables.

Cantons de Vaud, Valais, Fribourg, Neufchatel, Genève. (1)

Bien qu'il n'existe pas un droit pénal spécial romand, soit parce que les cantons ont subi des destinées historiques trop dissemblables ; soit qu'il y ait entre eux diversité des intérêts (urbains et ruraux, industriels et agricoles), diversité des climats et des genres de vie (plaine et montagne), différence dans les religions et dans la langue

---

(1) *Législation pénale comparée,* p. 94 et suiv.

cependant, certaines ressemblances s'expliquent par l'influence constante du Code français sur les législations romandes.

La division tripartite des infractions a passé de France à Fribourg (Code 1er janvier 1874), et à Genève (Code pénal, 21 octobre 1874). Vaud (Code 18 février 1843), et Neufchatel (22 mai 1891), ne distinguent pas entre crimes et délits. Valais (Code 28 mai 1858) dit que le délit prend le nom de crime lors d'un haut degré de culpabilité.

La peine de mort n'existe qu'en Valais. Tous les autres codes connaissent au moins deux espèces de peines principales, privatives de liberté : la réclusion et l'emprisonnement. Dans le code vaudois, toutes deux ont un maximum élevé et un minimum d'un jour. Le jury n'existe pas en Valais et l'article 96 détermine les circonstances aggravantes et atténuantes dont le juge devra tenir compte.

Dans les cantons de Vaud, Genève et Neufchatel, le jury fonctionne en matière criminelle et en matière correctionnelle. Le système des circonstances atténuantes et indéterminées est soumis à la décision du jury à Genève, Vaud, Fribourg.

Dans le canton de Vaud, primitivement le jury n'était appelé à se prononcer sur les circonstances atténuantes que dans les cas où la peine de mort était encourue par l'accusé. Dans les autres cas, le juge en tenait compte en déterminant la peine entre le maximum et le minimum. Depuis 1875, époque où la peine de mort a été remplacée par la réclusion perpétuelle, le jury est interrogé en ce cas sur l'admission des circonstances atténuantes, qui entraîne une substitution de réclusion de 15 à 30 ans.

A Fribourg, l'admission des circonstances atténuantes n'influe sur l'application de la peine que dans les limites du minimum au maximum, sauf lorsqu'il s'agit d'une peine perpétuelle.

A Genève, par l'effet des circonstances atténuantes, la réclusion perpétuelle devient la réclusion de 5 à 15 ans, la réclusion à temps, l'emprisonnement de 1 à 5 ans ; les peines correctionnelles sont réduites de moitié. Ce code reconnaît aussi des circonstances très atténuantes dont les effets sont considérables. La réclusion perpétuelle devient un emprisonnement de quatre ans au maximum ; la réclusion à temps, un emprisonnement de deux ans au maximum ; les peines correctionnelles ne peuvent dépasser le quart du maximum.

A Neufchatel, le Code du 22 mai 1891, supprime en général pour chaque infraction le minimum spécial de la peine, et ne le maintient que dans un nombre d'articles restreints et pour des délits d'une gravité particulière. Il y a toujours, en outre, le minimum général de chaque genre de peine, au-dessous duquel le juge ne peut descendre : un an pour la réclusion, un an pour l'internement, quinze jours pour l'emprisonnement, un jour pour la prison civile. Le jury n'a le droit de se prononcer que sur les circonstances atténuantes et aggravantes qui font l'objet des dispositions

spéciales de la loi. Les autres circonstances atténuantes générales sont livrées à l'appréciation du
juge qui, en vertu de la suppression des minima,
a de grands pouvoirs d'appréciation.

Cependant le juge a très souvent une option
entre plusieurs peines. Vaud, donne fréquemment
le choix entre la réclusion, l'emprisonnement,
l'amende. Neufchâtel accorde parfois le choix
entre des peines alternatives qui permettent aux
juges de descendre à un genre de détention moins
rigoureux ou même de n'appliquer que l'amende.
Genêve donne l'option plus rarement entre la prison et l'amende.

SECTION II

*Législations donnant au jury le droit de déclarer
les circonstances atténuantes.*

EMPIRE D'ALLEMAGNE

Le Code pénal de la confédération du Nord pro-
mulgué le 31 mai 1870 subit une nouvelle rédaction de la loi du 15 mai 1871 qui le rendit applicable à l'Empire Allemand et fut révisé par la loi
du 26 février 1876 (1).

Le droit commun Allemand reconnaît la division tripartite de toutes les infractions en crimes,

____

(1) *Législation pénale comparée*, p. **271** et suiv.

délits et contraventions d'après le maximum de la peine édictée.

Les peines du Code se divisent en principales et accessoires. Les peines principales sont : la peine de mort qui s'exécute par la décapitation (hache, glaive, guillotine), la réclusion à vie ou à temps dont la durée minima est un an, et maxima 15 ans ; la détention dans une forteresse à vie ou à temps de la même durée minima et maxima que la réclusion ; lorsqu'elle dépasse cinq ans elle est applicable aux crimes ; l'emprisonnement de 1 à 5 ans, les arrêts de 1 jour à six semaines pour les infractions moins graves ; l'exécution de ces peines est confiée et réglementée par la législation des différents états ; de sorte que les peines étant étiquetées de la même façon, leurs moyens d'exécution sont différents, et leurs résultats ne sont pas identiques.

Le minimum de l'amende est de 1 mark pour les contraventions, 3 marks pour les délits et crimes. Des circonstances atténuantes peuvent être reconnues en faveur de certaines infractions déterminées par le Code ; les conséquences de la déclaration sont prévues et réglementées par chaque article ; en général elles opèrent une diminution de peine d'un degré et changent le régime, la réclusion en détention ou en emprisonnement. L'absence d'un système général de circonstances atténuantes s'explique par cette considération qu'en général le minimum des peines est très peu élevé.

Le Code de procédure pénale Allemand du 1er février 1877 dispose « toutes les fois que la loi édictera à raison de circonstances atténuantes, une peine moins sévère, une question accessoire sera posée à ce sujet si le ministère public ou l'accusé en fait la demande ou si le Tribunal juge convenable de la poser d'office. La question relative aux circonstances atténuantes ne pourra être résolue négativement qu'à la majorité de sept voix au moins (art. 297).

Deux différences avec la législation française sont à signaler : La question ne doit pas être posée et en cas de partage de voix, le bénéfice des circonstances atténuantes n'est pas acquis à l'accusé, suivant les articles 341 et suivants du Code d'instruction criminelle.

Une disposition spéciale de ce Code qui établit un choix de peines distinctes par le régime et la nature, la réclusion et la détention entre lesquelles le juge pourra opter, est à remarquer. L'article 20 dispose en effet : « Dans les cas où la loi laisse au juge le choix entre la peine de la réclusion et celle de la détention, la réclusion ne peut être appliquée que s'il est reconnu que le fait punissable a été inspiré par un sentiment contraire à l'honneur. » C'est reconnaître au mobile de l'acte qui n'est en somme qu'une circonstance atténuante motivée, le pouvoir de changer la peine de nature. Ce choix est laissé au juge dans la grande majorité des crimes politiques, délits contre l'Etat : haute trahison (art. 81), actes tendant à révéler à l'en-

nemi les secrets de l'Etat (art. 84, 85 et 86),
voies de fait contre un souverain de la confédération (art. 98).

RUSSIE

Le Code pénal Russe date de 1845, et fut revisé
en 1866 à la suite des ordonnances judiciaires
de 1864.

Le législateur français en établissant le système des circonstances atténuantes voulut par ce
moyen corriger les rigueurs excessives du Code
de 1810, et éviter une refonte complète de la législation pénale. Aussi c'est le juge qui tient compte
des nuances qui séparent la tentative du crime
consommé, le complice de l'auteur principal.

Le Code pénal russe plus récent laisse une
place moins grande à l'appréciation du juge, il ne
punit pas la tentative comme le crime consommé,
le complice comme l'auteur principal. Il déclare
lui-même les circonstances de nature à atténuer la
culpabilité. Ainsi sont à considérer comme des
circonstances de nature à atténuer la culpabilité et
à mitiger la peine d'après l'article 134 : le repentir,
la provocation, la légèreté d'esprit, la nécessité,
les efforts faits pour écarter les conséquences
dommageables de l'acte.

L'effet des circonstances atténuantes permet
aux Tribunaux, d'après l'article 135, de n'appliquer que le minimum de la peine fixée par la loi
ou même de l'abaisser d'un ou de deux degrés.

D'après l'ordonnance du 20 novembre 1864, le jury fonctionne en Russie. Le partage des voix profite à l'accusé, et n'empêche pas qu'il obtienne le bénéfice des circonstances atténuantes. En outre, dans certaines circonstances exceptionnelles prévues par l'article 153, les peines édictées par la loi, peuvent être mitigées dans une proportion qui excède les limites de la compétence du juge et dépend du droit attribué au Souverain. L'adoucissement de peine a lieu par voie de grâce impériale.

Ces circonstances sont : l'aveu complet, la révélation des complices lorsque le coupable empêche ainsi l'accomplissement d'un projet criminel contre les personnes et la société, la conversion d'un non chrétien au cours de l'Instruction à la religion orthodoxe ou à toute autre confession chrétienne légalement reconnue ; la longue détention préventive subie par l'accusé lorsque les faits à punir n'entraînent pas privation de tous les droits civiques (1).

ITALIE (2)

La proclamation de l'unité italienne devait nécessairement amener la confection d'un Code pénal, destiné à remplacer les lois diverses jus-

---

(1) *Nouvelle législation pénale de la Russie, considérée en elle-même et dans ses rapports avec les Codes Français et allemands,* par Ernest Lehr, p. 24, 56, 57, 62 et suiv.

(2) *Législation pénale comparée,* p. 115 et suiv.

qu'alors appliquées dans les nombreux Etats de la Péninsule. Le Code nouveau fut achevé en 1889 et entra en vigueur le 1er janvier 1890. Répudiant la division tripartite des infractions, il distingue les délits et les contraventions. Les peines principales sont pour les délits : la réclusion perpétuelle ou ergastolo ; les peines de la réclusion et de la détention, toutes deux de même durée 3 jours à 24 ans, mais toutes deux différentes de nature et de régime ; l'amende de 1.000 à 10.000 francs. Les peines des contraventions sont les arrêts et l'amende de 1 fr. à 2.000 fr.

Parmi les causes de non imputabilité et d'excuses il faut citer la démence (art. 45), l'ivresse (art. 48), l'ordre de la loi ou de l'autorité (art. 49), la légitime défense (art. 49), enfin la colère ou l'intense douleur déterminée par une injuste provocation. L'ivresse est tantôt une cause de non imputabilité (art. 46 et 48), tantôt une circonstance atténuante (art. 47). La loi prévoit les conséquences produites par ces différentes causes sur la répression.

En dehors de ces faits, le Code admet des circonstances atténuantes génériques (art. 59). « Indépendamment des réductions de peines déterminées par les lois, toutes les fois que les circonstances atténuantes seront admises en faveur d'un inculpé au lieu de la peine de l'ergastolo on prononcera celle de la réclusion pendant 30 ans et l'on réduira de un sixième le autres peines » (art. 59).

Lorsqu'un fait est de la compétence de la Cour d'assises, il appartient au jury de se prononcer sur les circonstances atténuantes. Les jurés doivent s'il en existe les déclarer en regard de chacun des chefs d'accusation et à l'aide de la formule suivante : « Il existe des circonstances atténuantes en faveur de l'accusé N. N. » (1).

____

(1) (Art. 497). Décret royal contenant les dispositions pour la mise en vigueur du Code pénal du royaume d'Italie.

Code pénal italien. Traduit et annoté par Ed. Turrel.

<table>
<tr><td>Vu :</td><td>Vu :</td></tr>
<tr><td>Le Doyen,</td><td>Le Président de la Thèse,</td></tr>
<tr><td>LEDERLIN.</td><td>GAUCKLER.</td></tr>
</table>

Vu et permis d'imprimer :

Nancy, le 29 mars 1900.

Le Recteur,

A. GASQUET

INDEX BIBLIOGRAPHIQUE

Blanche et Dutruc. — *Etudes pratiques sur le Code Pénal*, 2e édition, 1888. Paris, 6 vol.

Beccaria. — *Traité des délits et des peines 1764*. Traduction Chaillou de Lisy. Paris, 1773.

Bertauld. — *Cours de Code Pénal*. Paris, 1873.

Beudant. — *De l'indication de la loi pénale dans la discussion devant le jury*. Paris, 1861.

Boitard. — *Leçons de droit criminel*, 12e édition. Paris, 1880.

Champcommunal. — *Examen critique et comparé du projet de réforme du Code Pénal Français*. — Partie générale. Paris, 1896.

Chauveau et F. Helie. — *Théorie du Code pénal*, 6e édition. Paris, 1888, 6 vol.

Compte rendu général de la Justice criminelle en France, de 1826 à 1830.

Dalloz. — *Jurisprudence générale.*

Supplément à la jurisprudence générale.

de Franqueville. — *Le système judiciaire de la Grande-Bretagne*. Paris, 1893, 2 vol.

Garraud R. — *Traité théorique et pratique de droit pénal*, 1re édition, 5 vol. Paris 1888-1894. — 2e édition. l'aris, 1898, 6 vol.

Garraud R. — *Précis de droit criminel*. Paris, 1894-1898.

Desjardins Albert. — *Les cahiers généraux en 1789 et la législation criminelle*. Paris, 1883.

Gauthier. — *Avant-projet du Code Pénal Suisse*. Berlin, 1896.

Hauss. — *Principes généraux du droit Belge*. Paris, 1879.

F. Helie. — *Pratique criminelle*, 2 vol. Paris, 1877.

Journal Le Droit.

Jousse. — *Traité de la Justice criminelle en France*. Paris, 1871.

La France judiciaire, année 1887.

Laget. — *Théorie du Code Pénal espagnol*, comparée avec la législation française. Paris, 1888.

Ernest Lehr. — *Nouvelle législation pénale de la Russie*, considérée en elle-même et dans ses rapports avec les codes français et allemands.

Lévy F. — *Des sentences indéterminées*. (Thèse de doctorat). Paris, 1896.

Locré. — *Exposé des motifs*.

Les lois nouvelles. Paris, 1897.

Mavidal et Laurent. — *Archives parlementaires de 1787 à 1860*.

Muyart de Vouglans. — *Instituts au droit criminel*. Paris, 1755.

Ortolan. — *Elément de droit pénal*, 2 vol. Paris, 1886, 5e édition.

Revue critique de législation et de jurisprudence.

Revue pratique de droit Français.

Revue pénitentiaire.

Rigaud. — *De l'influence du motif en matière criminelle* (thèse de doctorat). Paris, 1898.

Rousseau J.-J. — *Du contrat social ou principes du droit politique*. Amsterdam, 1762.

Pandectes Françaises. Répertoire.

Soutlages. — *Traité des crimes*, 3 vol. Toulouse, 1762.

Saleilles. — *De l'individualisation de la Peine*. Paris, 1898.

Sirey. — *Recueil général des lois et des arrêts de 1791 à 1898*.

Timmermans. — *Commentaire de la loi du 4 octobre 1867*. Bruxelles, 1880.

Trébutien. — *Cours élémentaire de droit criminel*. Paris, 1854.

Tripels. — *Les Codes Néerlandais traduits*. Paris, 1886.

Ed. Turrel. — *Code pénal italien*, traduit et annoté. Paris, 1890.

Von Liszt. — *Le droit criminel des Etats européens.*

La législation pénale comparée. Paris, 1894.

Villey. — *Précis d'un cours de droit criminel.* Paris, 1891.

TABLE DES MATIÈRES

www.ingramcontent.com/pod-product-compliance
Ingram Content Group UK Ltd.
Pitfield, Milton Keynes, MK11 3LW, UK
UKHW021924070726
13614UKWH00001B/226